COME IMPARARE
L'ARABO
IN 30 GIORNI

Fatima Khalida Rasheeda

ATTENZIONE: Tutti i diritti sono riservati a norma di legge. Nessuna parte di questo libro può essere riprodotta con alcun mezzo senza l'autorizzazione scritta dell'Editore. È **espressamente vietato trasmettere ad altri il presente libro**, né in formato cartaceo né elettronico, né per denaro né a titolo gratuito. Le strategie e i consigli riportati in questo libro sono frutto di anni di studi e specializzazioni personali dell'Autore. La sola lettura del libro non si ritenga garanzia per il raggiungimento dei medesimi risultati di crescita personale o professionale. Il lettore si assume piena responsabilità delle proprie scelte, consapevole dei rischi connessi a qualsiasi forma di esercizio. Tutte le informazioni e i consigli contenuti in questo libro vanno recepiti con senso critico. Pertanto, l'Editore si solleva da qualunque responsabilità nei confronti del lettore e di terzi per eventuali danni, a persone o cose, derivanti da iniziative intraprese a seguito della lettura del testo. Il libro ha esclusivamente scopo formativo e non sostituisce alcun tipo di trattamento medico o psicologico. Se sospetti o sei a conoscenza di avere dei problemi o disturbi fisici o psicologici dovrai affidarti a un appropriato trattamento medico.

Copyright © 2019 **HOW2 Edizioni**

Tutti i Diritti Riservati - Vietata qualsiasi duplicazione

INDICE

PREMESSA 13
1. LE PRIME LETTERE DELL'ALFABETO E LA VOCALIZZAZIONE...15
1.1. Tabella della prima parte dell'Alfabeto 17
1.2. I simboli che indicano le Vocali 23
1.3. Il simbolo che indica una doppia 24
1.4. Come applicare quanto letto: un po' di esercizi 25
1.5. Soluzioni e spiegazioni 27
I segreti svelati di questo capitolo 29
2. LA PRIMA PARTE DELL'ALFABETO (dalla ص alla ي) 31
2.1. La seconda parte dell'Alfabeto 31
2.2. Vocali Lunghe o Semiconsonanti? Non ti preoccupare, l'importante è saperle pronunciare 35
2.3. Ultimo segno ortografico: indica l'assenza di vocali 37
2.4. Due grafie particolari della *alif* 38
2.5. Un po' di esercizi 39
2.6. Soluzioni 41
I segreti svelati di questo capitolo 42
3. GLI ARTICOLI (PARTE I) 43
3.1. Presentiamo l'articolo determinativo 43
3.2. Lettere Lunari e Solari ed il fenomeno della *liason* 45
3.3. Cosa hanno in comune l'arabo e il latino? 48
3.4. Esercitati un po' 50
3.5. Soluzioni 52
I segreti svelati di questo capitolo 53
4. GLI ARTICOLI (PARTE II) 55
4.1. L'articolo indeterminativo 55
4.2. I Casi 57
4.3. Adesso esercitati un po' 58
4.4. Soluzione 59

I segreti svelati di questo capitolo ...60
5. I PRONOMI PERSONALI E IL VERBO ESSERE ...61
5.1. Cosa hanno in comune l'arabo e il greco? ...61
5.2. Davvero il verbo essere non esiste? La FRASE NOMINALE: cos'è e come si forma? ...64
5.3. Un po' di Preposizioni utili ...68
5.4. Ora puoi costruire le tue prime frasi! ...70
5.5. Soluzioni ...71
I segreti svelati di questo capitolo ...72
6. IL FEMMINILE SINGOLARE E PLURALE ...73
6.1. I pilastri dell'islam ...73
6.2. Il femminile: É davvero così semplice? ...75
6.3. Il femminile plurale ...78
6.4. Sicuro di aver capito tutto? Mettiti alla prova! ...79
6.5 Soluzioni ...80
I segreti svelati di questo capitolo ...81
7. TUTTO HA INIZIO CON TRE RADICI ...83
7.1. Qualche informazione sul verbo TRILITTERO e la FRASE VERBALE ...83
7.2. Formazione ...85
7.3. Desinenze ed esempio ...87
7.4. Adesso esercitati! ...89
7.5. Soluzioni ...90
I segreti svelati di questo capitolo ...91
8. IL PLURALE MASCHILE E IL DUALE DEI NOMI ...93
8.1. Qualche curiosità sul Ramadan ...93
8.2. Per il plurale maschile... solo due casi! ...95
8.3. Il DUALE: basta solo un poco di concentrazione e la regola va giù! ...97
8.4. Cosa hanno in comune il maschile plurale e il duale? ...99
8.5. Due forme particolari di plurale: PLURALI FRATTI e DIPTOTI ...101
8.6. Sei sicuro che sia tutto chiaro? ...104
8.7. Soluzioni ...105
I segreti svelati di questo capitolo ...106

9. L'AGGETTIVO 107
9.1. L'importante è fare attenzione al genere femminile! 109
9.2. L'aggettivo di NISBA e uno stampo per formare gli aggettivi 111
9.3. Esercitati! 114
9.4. Soluzione 115
I segreti svelati di questo capitolo 116
10. UNA COSTRUZIONE UNICA 117
10.1. Una delle più grandi femministe del mondo arabo! 117
10.2. Cos'è lo "STATO COSTRUTTO" 120
10.3. Alcune regole: NOMI PROPRI E AGGETTIVI 122
10.4. Mettiti alla prova! 124
10.5. Soluzioni 125
I segreti svelati di questo capitolo 126
11. GLI AGGETTIVI POSSESSIVI E NON SOLO! 127
11.1. Davvero è così facile? Non proprio! 129
11.2. Le particelle che esprimono i nostri aggettivi possessivi 131
11.3. Alcuni esempi 132
11.4. E ora esercitati! 134
11.5. Soluzioni e trascrizione 135
I segreti svelati di questo capitolo 136
12. IL PRESENTE INDICATIVO 137
12.1. Perché gli appassionati di matematica lo ameranno 137
12.2. Prefissi e desinenze del presente indicativo 139
12.3. La regola è semplice, basta solo un po' di esercizio 141
12.4. Soluzioni 142
I segreti svelati di questo capitolo 143
13. IL VERBO AVERE: NON ESISTE? 145
13.1. Ecco alcune invenzioni dovute agli arabi 145
13.2. Scopriamo come gli arabi riescono a vivere senza il verbo avere ... 150
13.3. Un po' di Preposizioni utili (II parte) 154
13.4. Divertiti ed applica quanto letto! 155
13.5. Soluzioni 156

14. LA NEGAZIONE (Parte I) 159

14.1. Sunniti e Sciiti 159

14.2. La negazione del Presente 161

14.3. La negazione del verbo Avere 163

14.4. Prendi carta a penna, ora tocca a te! 166

14.5. Soluzioni 167

I segreti svelati di questo capitolo 168

15. COME ARRICCHIRE LA COMUNICAZIONE CON POCHISSIME REGOLE 169

15.1. Le due particelle del Futuro 172

15.2. I Pronomi Complemento 174

15.2.1. I pronomi Complemento Oggetto 174

15.2.2. I Pronomi Complemento Indiretto 176

15.3. Esercitati anche oggi 177

15.4. Soluzioni 177

I segreti svelati di questo capitolo 178

16.1. La negazione del Passato 179

16.2. La negazione della frase nominale e le sue due particolarità: i Radicali e il Predicato 180

16.3. Provaci tu adesso ed esercitati 184

16.4. Soluzione e trascrizione 185

I segreti svelati di questo capitolo 186

17. IL MASDAR 187

17.1. Ti meriti un po' di riposo: rilassati scoprendo come si svolge il matrimonio islamico (nikah) 187

17.2. Il Masdar: Come si usa? Quando si usa? Verbo o Sostantivo? 190

17.3. Come si ottiene e si trova il *masdar* (Parte I): impariamo ad usare il vocabolario con un trucchetto! 193

17.4. Ed ora esercitati 195

17.5. Soluzioni 196

I segreti svelati di questo capitolo 197

18. أنْ E ALTRE PARTICELLE UTILISSIME! 199

18.1. Le più importanti feste musulmane 199

18.2. Quale potere hanno le particelle? 201

18.3. Presentazione delle particelle 203

18.4. Adesso esercitati 206

18.5. Soluzioni 207

I segreti svelati di questo capitolo 208

19. SCOPRI IL PIU INTRIGANTE SEGRETO DELLA LINGUA ARABA (Parte I) 209

19.1. Cosa sono le forme e cosa esprimono 209

19.2. II, III e IV forma: il Passato e il Presente 210

19.3. Wow, voglio provare!..................................... 218

I segreti svelati di questo capitolo 220

20. GLI AGGETTIVI DIMOSTRATIVI 221

20.1. Oggi sarà soft, quindi approfittiamone per studiare alcuni scrittori arabi degli ultimi secoli 221

20.2. Quali sono gli Aggettivi Dimostrativi? 226

20.3. Come si usano? Le loro particolarità 229

20.4. Niente di difficile, basta solo un po' di esercizio!..... 231

20.5. Soluzioni 232

I segreti svelati di questo capitolo 233

21. IL CONGIUNTIVO 235

21.1. Formazione generale 235

21.2. Uso 237

21.2.1. Proposizione finale 238

21.2.2. Negazione del futuro 239

21.2.3. Congiuntivo 240

21.3. Esercitati 242

21.4. Soluzioni 243

I segreti svelati di questo capitolo 244

22. SCOPRI IL PIU INTRIGANTE SEGRETO DELLA LINGUA ARABA (Parte II) 245

22.1. V, VI forma 248

22.2. Ed ora esercitati 253

22.3. Soluzioni 254

I segreti svelati di questo capitolo ... 256
23. L'IMPERATIVO (Parte 1: I - VI forma) ... 257
23.1. Come si forma? Fai attenzione! ... 258
23.2. Dai, esercitati ... 263
23.3. Soluzioni ... 264
I segreti svelati di questo capitolo ... 265
24. IMPARA A COSTRUIRE UNA FRASE RELATIVA E RENDI IL TUO DISCORSO PIU FLUIDO! ... 267
24.1. I Pronomi Relativi ... 267
24.3. Costruzione di una Frase Relativa ... 269
24.4. Difficile? No, se ti eserciti ... 273
24.5. Soluzioni ... 274
I segreti svelati in questo capitolo ... 275
25. SCOPRIAMO COME SI NEGA L'IMPERATIVO E… ... 277
25.2. L'imperativo Negativo, la Negazione del Passato e l'Esortativo: cosa hanno in comune? ... 280
25.3. Esercizi ... 284
I segreti svelati di questo capitolo ... 288
26. SCOPRI IL PIU INTRIGANTE SEGRETO DELLA LINGUA ARABA (Parte III) ... 289
26.1. Chi parla arabo è sempre di etnia araba e musulmano? No. Andiamo a scoprire chi altri parla arabo! ... 289
26.2. VII, VIII e X forma ... 291
26.3. Un po' di esercizi ... 299
I segreti svelati di questo capitolo ... 301
27. AGGETTIVI E PRONOMI INDEFINITI ... 303
27.1. Gli Indefiniti: quali sono e come si usano ... 303
27.2. I Pronomi Indefiniti ... 308
27.3. Esercitati! ... 309
27.4. Soluzioni ... 311
I segreti svelati di questo capitolo ... 313
28. COME POSSO ARRICCHIRE IL LESSICO CON POCHISSIME REGOLE (Parte II) ... 315
28.1. Participio passato e presente: è davvero così semplice? ... 316

28.2. Il *masdar* delle forme derivate 320
28.3. Allenati un po'! 323
28.4. Soluzioni 324
I segreti svelati di questo capitolo 325
29. MASDAR E IMPERATIVO DELLE ULTIME TRE FORME DERIVATE 327
29.1. Il *masdar* della VII, VIII e X forma 328
29.2. L'imperativo della VII, VIII e X forma 329
29.3. Approfondimento e completamento della Frase Relativa 330
29.4. Esercizi (sì, hai letto bene, al plurale!) 333
I segreti svelati di questo capitolo 337
30. I NUMERI IN ARABO! 339
30.1. Il fondamentale ruolo degli arabi nel nostro sistema di numerazione 339
30.2. Tabella dei numeri (0-10) 341
30.4. Esercitati! 351
30.5. Soluzioni 352
I segreti svelati di questo capitolo 353
CONCLUSIONI 355

PREMESSA

"*In sha' Allah*", "*Yalla*"… Chi di noi non ha mai sentito queste parole? L'arabo, tra le notizie diffuse dai telegiornali e le parole rubate ai nostri vicini emigrati, infatti, sta diventando una lingua sempre più all'ordine del giorno.

E tu, caro lettore, se ti sei avvicinato a questo libro è perché sicuramente te ne sei accorto e vuoi saperne qualcosa in più. La tua è una buona decisione e qualsiasi sia la ragione, di natura culturale o linguistica che sia, che ti spinge a voler scoprire questa lingua, certamente alla fine di questo piccolo manuale sarai soddisfatto.

Cercheremo di dare un'infarinatura di entrambe le dimensioni, quella linguistica e quella culturale, attraverso piccole note e particolarità, cosicché alla fine tu sappia esprimerti senza fare figuracce (dal punto di vista culturale e linguistico) con una delle tante persone la cui lingua madre è l'arabo. E fidati, le suddette persone sono tante, in quanto l'arabo è la lingua ufficiale di ben 22 paesi.

Ci concentreremo, comunque, sul lato linguistico. Comincerò con il rassicurarti un po' dicendoti che le famose espressioni "Ma che parli arabo?" o "A me sembra arabo!" non hanno poi così tanta ragione di essere vere. Certo, non è una lingua così vicina alla nostra, ma rimarrai stupito dalle somiglianze e vicinanze che ci sono tra le due lingue, soprattutto per quanto riguarda la struttura delle frasi e l'uso dei tempi. Non sono piccolezze e se hai già imparato o stai imparando un'altra lingua, sai quanto questi aspetti siano importanti. Rimarrai anche colpito dalle sue regolarità, presenti sia a livello lessicale, che morfologico.

Inoltre, è proprio la diversità dell'arabo dalle lingue europee che ti faciliterà l'apprendimento; scoprirai nuovi modi di ragionare e concepire una lingua, scoprirai quanto possa essere potente ed affascinante questo idioma dai suoni un po' particolari, e giorno dopo giorno vorrai saperne sempre di più; insomma, sarai calamitato dal suo fascino. Se, infatti, tutta la classe di arabo del primo anno, quando sente parlare delle "forme", ha un'espressione estasiata, un motivo c'è!

Parlando soprattutto dei suoni, non ti scoraggiare: all'inizio sarà difficile saperli riprodurre ma, con un po' di esercizio quotidiano, verranno fuori senza nemmeno che tu te ne accorga! La loro bellezza ti ripagherà della pazienza, promesso.

Per quanto riguarda la struttura del manuale, invece, esso è suddiviso in 30 capitoli, ognuno dei quali corrisponde ad un giorno; in ciascuno troverai un carico non eccessivo di lavoro, degli esercizi che ti consentiranno di applicare sin da subito le regole più semplici (e quelle meno semplici) per formare così le tue frasi in autonomia. Alla fine di ogni capitolo troverai un piccolo riassunto dell'argomento o della particolarità alla quale devi fare più attenzione.

Detto ciò, imparerai sicuramente la lingua araba, *"in sha Allah"*! (letteralmente "se Dio vuole"); espressione molto usata e che a volte può corrispondere al nostro "speriamo".

1. LE PRIME LETTERE DELL'ALFABETO E LA VOCALIZZAZIONE

Come probabilmente saprai, **la lingua araba**, a differenza delle nostre lingue europee, **si scrive da destra verso sinistra**.

Oltre a questo si devono sapere altre **4 particolarità riguardanti la scrittura della lingua araba**, prima di cominciare effettivamente a scrivere:

1. **Si scrive SOLO in corsivo**; le lettere si devono scrivere le une attaccate alle altre, sia dalla parte destra, che dalla parte sinistra, QUASI sempre.
Solo **sei lettere**, cinque delle quali saranno viste in questo capitolo, **non si attaccano a sinistra**, ossia: si attaccano alla precedente ma non alla successiva.

2. Le lettere hanno QUASI sempre **3 modi di scrittura**, in base alla loro posizione nella parola: iniziale, centrale o finale

3. **Si scrivono quasi esclusivamente le consonanti.**

Le vocali brevi vengono riportate solo in testi particolari, come i manuali di insegnamento e vengono riportate con dei segni **sopra la consonante**. Questo modo di scrivere si chiama **VOCALIZZAZIONE**. Pian piano, nel corso del manuale saranno tolte, in quanto, saprete leggere alla perfezione e senza bisogno che siano presenti.

4. Lo stesso discorso vale per il segno che indica una doppia; all'inizio sarà evidenziato e trascritto, a poco, a poco non ne avrete più bisogno.

Detto questo, **l'alfabeto arabo conta 28/29 lettere**, a seconda delle scuole di grammatica. Noi preferiamo trascriverne 29, per maggiore completezza, e in questa prima unità vedremo le prime 14, con il loro diverso modo di scrittura e la loro pronuncia.

1.1. Tabella della prima parte dell'Alfabeto

Come anticipato, oggi saranno riportate **5 lettere** (l'*alif* e il quarto e quinto gruppo) che **non si legano a sinistra**, quindi: le lettera si scriverà sempre solo in due modi e sarà un po' staccata da quella che la segue. Non troppo però; fa sempre parte della stessa parola.

Di seguito troverai la prima parte dell'alfabeto, che ho suddiviso per gruppi di lettere che condividono la forma.

1° GRUPPO

Lettera isolata	Lettera posizione iniziale	Lettera posizione centrale	Lettera posizione finale	Pronuncia e trascrizione
Hamza ء	أ إ	١ء	ء	Piccola interruzione di fiato
Alif ا	ا	ا	ا	A *allungata* (ā)

La grafia della *hamza* è particolarmente complicata in quanto spesso ha bisogno di un sostegno per la scrittura e questo sostegno varia.

Per il momento l'importante è che sappiate scriverla in posizione inziale; <u>ad inizio di parola ha sempre lo stesso</u>

sostegno, l'*alif*, ossia la seconda lettera dell'alfabeto ma, attenzione, la sua vocalizzazione può cambiare. Ad inizio parola non viene trascritta.

Hamza: una sorta di C con la coda

Alif: si scrive tipo la nostra I

2° GRUPPO

Primo gruppo di lettere che si differenziano per i puntini.

Lettera isolata	Posizione iniziale	Posizione centrale	Posizione finale	Pronuncia e trascrizione
Ba ب	بـ	ـبـ	ـب	Come la nostra B
Ta ت	تـ	ـتـ	ـت	Come la nostra T
Tha ث	ثـ	ـثـ	ـث	Come il th di *this*

Nota: per memorizzare le lettere dell'alfabeto arabo, ti riporto un consiglio prezioso. Prova ad associarle a qualcosa che ricorderai facilmente. La TA, ad esempio, ricorda uno "smile"; la THA, invece, uno smile con un neo in fronte.

Grazie a questo trucchetto, riuscirai a memorizzare le lettere arabe molto più velocemente.

3° GRUPPO

Secondo gruppo di lettere che si differenziano per i puntini.

Lettera isolata	Posizione iniziale	Posizione centrale	Posizione finale	Pronuncia e trascrizione
Gim ج	ج	ـجـ	ـج	G dolce come in "gelato" e "giacomo"
Ha ح	ح	ـحـ	ـح	H molto aspirata; non presente nel nostro alfabeto (H)
Kha خ	خ	ـخـ	ـخ	Come la jota spagnola (kh)

4° GRUPPO

Non si legano a sinistra.

Lettera isolata	Posizione iniziale	Posizione centrale	Posizione finale	Pronuncia e trascrizione
Dal د	د	ـد	ـد	come la nostra D
Dhal ذ	ذ	ـذ	ـذ	DH: la lingua deve toccare i denti mentre si pronuncia la D

5° GRUPPO

Non si legano a sinistra.

Lettera isolata	Posizione iniziale	Posizione centrale	Posizione finale	Pronuncia e trascrizione
Ra ر	ر	ـر	ـر	come la nostra R
Za ز	ز	ـز	ـز	Come la nostra Z

6° GRUPPO

Lettera isolata	Posizione iniziale	Posizione centrale	Posizione finale	Pronuncia e trascrizione
Sin س	سـ	ـسـ	ـس	come la nostra S
Shin ش	شـ	ـشـ	ـش	Sh: il suono che si fa pronunciando Shhh!

1.2. I simboli che indicano le Vocali

Qui di seguito saranno riportati i segni che indicano le **TRE vocali** presenti nella lingua araba.

Segno	Vocale	Esempio	Pronuncia esempio
ﹷ Trattino sopra la consonate	A	بَ	BA
ﹻ Trattino sotto la consonante	I	بِ	BI
ﹹ Mezzo cerchietto sopra la consonante	U	بُ	BU

1.3. Il simbolo che indica una doppia

Il segno che invece indica la doppia è:

Segno	Esempio	Pronuncia dell'esempio
ّ W arrotondata sopra la consonante	حُبّ	Hubb

Nota FONETICA:

Oltre a imparare a scrivere le lettere dell'alfabeto arabo, è essenziale che, sin dall'inizio, tu impari anche a pronunciarle secondo la loro **corretta fonetica**.

A tal proposito, credo che il modo più efficace sia esercitarsi attraverso un supporto **audiovisivo**, per cui, ti consiglio di imparare prima a scrivere tutte le lettere e, poi, a pronunciarle, grazie all'ausilio del seguente video:

https://www.youtube.com/watch?v=Off4YpzQVzY

1.4. Come applicare quanto letto: un po' di esercizi

ESERCIZIO 1

Scrivi con l'alfabeto arabo le seguenti sillabe.

1 gib; 2 bāb; 3 Hadd; 4 akh;

Esempio:

gib: da quante parole è formata la lettera? 3: due consonanti ed una vocale breve. Le due consonanti sono: *gim* e *ba* . La prima è la *gim* in posizione inziale, quindi andrò a vedere come si scrive quando è in quella posizione (vedi tabella). La seconda è una *ba* ma dato che è anche l'ultima, essendo la parola composta da sole 2 lettere, andrò a vedere come si scrive in posizione finale.
E la vocale breve? Dato che il suono è dopo la *gim* si deve scrivere il segno corrispondente (ti ricordi qual è?) sotto la *gim*.

NB: ricorda che devi scrivere da destra verso sinistra!

Soluzione: جِب

ESERCIZIO 2

Scrivi la pronuncia delle seguenti sillabe.

بَدْ	خُبْ	باح	ثَج	جِب
بُث	سار	رُش	زات	دِز

Esempio: (leggendo da destra, come si fa con l'arabo normalmente)

بَدْ: la parola è formata da 2 consonanti ed una vocale breve. Qual è la lettera che ha un puntino sotto? La *ba*. Quale segno ortografico c'è sopra la *ba*? è un semicerchio o un trattino? Un trattino, quindi la vocalizzerò con la A. L'ultima lettera è una sorta di C ma scritta al contrario...ti ricorda qualcosa? È una D!.

Soluzione: bad

1.5. Soluzioni e spiegazioni

Soluzione Es. 1

1 جِب	2 باب	3 حَدّ	4 أخ

1: vedi spiegazione precedente

2: si scrive in questo modo in quanto la parola è formata da 3 lettere: una vocale lunga e due consonanti. La prima consonante è una *b* e quindi scrivi la *b* in posizione iniziale, la seconda è la *ā* e quindi andrai a vedere come si scrive in posizione mediana. La terza è di nuovo una *b* ma, visto che la *ā* non rende possibile attaccare un'altra lettera dopo di sé, scriverai la *b* in posizione isolata e non in posizione finale.

3: si scrive in questo modo in quanto la parola è formata da due consonanti: la prima consonante, la *H*, sarà scritta in posizione iniziale e poiché è anche portatrice di una vocale breve, la a, si scriverà un trattino sopra di essa. La seconda lettera è la *d* e si andrà quindi a vedere come si scrive in posizione finale. Fai attenzione perché è doppia e devi quindi disegnare il simbolo della doppia sopra la consonante.

4: si scrive in questo modo in quanto l'unica lettera che non si trascrive ad inizio parola è la hamza, che ad inizio parola è sempre supportata da una alif. A sua volta la hamza supporta una vocale breve la a. scriverai quindi la alif con sopra una hamza ed il segno della vocale breve a sopra la hamza. La seconda lettera è una kha che si scriverà in posizione isolata e non finale in quanto la alif, anche se in questo momento funziona solo da supporto, non consente l'attaccamento di una lettera dopo di sé.

Soluzione Es. 2

(si legga la tabella partendo da destra)

gib	thag	bāH	khub	bad
diz	zāth	rush	sār	buth

I segreti svelati di questo capitolo

. Alcune lettere non si legano alle altre a sinistra, ossia a quella successiva, dato che in arabo le lettere si scrivono da destra verso sinistra. Non ti ricordi quali sono? Vai a controllare!

. Attenzione ai tratti peculiari delle lettere! Alcune si differenziano solo per la quantità o la presenza dei puntini, come la "ta" e la "tha" o la "sin" e la "shin".

. Per memorizzarle più velocemente, ti consiglio di associare un'emozione, un oggetto, un animale o quello che preferisci alle lettere: ad es. la lettera "za" somiglia ad un punto e virgola, la lettera "ta", con i suoi due puntini verso l'alto e una specie di curva sotto somiglia ad una faccina sorridente.

2. LA PRIMA PARTE DELL'ALFABETO

(dalla ص alla ي)

2.1. La seconda parte dell'Alfabeto

Le lettere saranno suddivise in più gruppi, in modo da facilitarne la memorizzazione.

Primo gruppo: Le lettere enfatiche.

Lettera isolata	Posizione iniziale	Posizione centrale	Posizione finale	Pronuncia e trascrizione
Sad ص	صـ	ـصـ	ـص	Come la nostra S ma pronunciata in modo enfatico[1] (Ṣ)
Dad ض	ضـ	ـضـ	ـض	Come la nostra D ma pronunciata in modo Enfatico (Ḍ)
Ta ط	ط	ـطـ	ـط	Come la nostra T ma pronunciata in modo enfatico (Ṭ)
Za ظ	ظ	ـظـ	ـظ	Come la nostra Z ma pronunciata in modo Enfatico (Ẓ)

N.B. **Pronunciare in modo enfatico**: pronunciare in modo più "duro", il suono proviene dalla gola (rifarsi al video di Fonetica consigliato).

Secondo gruppo: Solo un puntino le differenzia!

Lettera isolata	Posizione iniziale	Posizione centrale	Posizione finale	Pronuncia e trascrizione
'Ein ع	عـ	ـعـ	ـع	Mentre si pronuncia questo suono la faringe si deve "stringere" un po'. (')
Rein غ	غـ	ـغـ	ـغ	Come la R francese (GH)
Fa ف	فـ	ـفـ	ـف	Come la nostra F (F)
Qaf ق	قـ	ـقـ	ـق	Come la nostra C ma pronunciata in modo enfatico (Q)

N.B. In questo gruppo fare attenzione alla F e la Q. Oltre per il loro numero di puntini, si differenziano anche per la loro scrittura in posizione finale: la curva della F in posizione finale rimane appoggiata sopra al rigo, la curva della Q va sotto il rigo.

Terzo gruppo: Reggiti forte… Si cambia sempre!

Lettera isolata	Posizione iniziale	Posizione centrale	Posizione finale	Pronuncia e trascrizione
Kaf ك	ک	ک	ك	Come la nostra C di Casa (C)
Lam ل	ل	ل	ل	Come nostra L (L)
Mim م	م	م	م	Come la nostra M (M)
Nun ن	ن	ن	ن	Come la nostra N (N)
ha ه	ه	ه	ه	Come la h di "house" (h)

Quarto gruppo: Le semiconsonanti o vocali lunghe!

Lettera isolata	Posizione iniziale	Posizione centrale	Posizione finale	Pronuncia e trascrizione
Waw و				Ci sono due pronunce[1]
	و	و	و	
Ya ي				Ci sono due pronunce
	ﻳ	ﻴ	ي	

N.B. La و è la sesta ed ultima lettera che non si attacca a sinistra.

2.2. Vocali Lunghe o Semiconsonanti? Non ti preoccupare, l'importante è saperle pronunciare

In realtà, possono essere sia l'una che l'altra e ciò dipende da un'unica variabile: se sono portatrici di una vocale breve (esaminate nel capitolo precedente, ad esempio la *kasra*) oppure no.

Se portano una vocale breve, sono semiconsonanti se invece non portano nulla, allora sono vocali lunghe e saranno pronunciate allungando semplicemente il suono della loro rispettiva vocale breve.

Di seguito sono riportati degli es. che mostrano il loro valore di **semiconsonante**: si noterà che le lettere "portano" una semivocale.

Lettera	Esempio semiconsonante	Trascrizione lettera e pronuncia es.
و	وَرْد	(W) ward
ي	يَد	(Y) yad

Di seguito sono riportati degli esempi che mostrano il loro valore di vocale lunga: si noterà che le lettere non "portano" una semivocale.

Sono invece il prolungamento della vocale breve che appartiene alla consonante precedente:

la و ha lo stesso suono della vocale breve *u* ma più lungo,

e la ي ha lo stesso suono della vocale breve *i* ma più lungo.

Lettera	Esempio vocale lunga	Trascrizione lettera e pronuncia es.
و	نُور	(ū) Nūr
ي	جِيل	(ī) Gīl

2.3. Ultimo segno ortografico: indica l'assenza di vocali

Si indica con un cerchietto vuoto al di sopra della consonante.

Segno	esempio	Pronuncia esempio
ْ◌	بْ	B

Nota la differenza di pronuncia tra le due seguenti parole!

Parola	Esempio	Pronuncia e trascrizione
Con vocale	وَصَلَ	Waṣal
Senza vocale	وَصْلَ	Waṣl

N.B. L'ultima consonante di un sostantivo, invece, non viene vocalizzata per il momento; nel terzo capitolo capirai il perché.

2.4. Due grafie particolari della *alif*

Prima di concludere l'argomento dell'alfabeto e della lettura delle lettere, ti faccio presente un'ultima particolarità.

Oltre alla grafia della *hamza* (che, come detto, non sarà argomento di questo manuale), anche la *alif*, a volte, ha una grafia particolare.

1. In posizione finale si può scrivere come una ya senza i due puntini caratteristici della ya. Si pronuncia come la *alif* ma, come vedrai, più avanti, segue regole delle precise.

Quando viene scritta in questo modo viene detta **alif maqsura** e si scrive nel seguente modo: ى

L'alif maqsura ricorda un serpentello a forma di S

2. Dopo le lettera *lam* la *alif* si scrive all'interno della lettera *lam*, ossia: لا

2.5. Un po' di esercizi

ESERCIZIO 1

Scrivi in arabo le seguenti parole:

1 famm ; 2 ṣad ; 3 ams ; 4 shams ;
5 gamīl ; 6 kitāb ; 7 bint ; 8 walad ;

Procedimento:

Famm: la F è la prima consonante e quindi andrò a vedere come si scrive la F in posizione iniziale; la A è una vocale breve e quindi si mette solo un trattino sopra la F e la M è l'ultima lettera della parola e quindi andrò a vedere come si scrive la M in posizione finale. È doppia e quindi si mette la shadda (la doppia w arrotondata) sopra.

Soluzione:

ESERCIZIO 2

Trascrivi le seguenti parole:

بَحْر	وَصَل	طِير	سَهْل	قِصّ
نِيل	عُطْر	هَلْ	فَلْم	غَرِيب

Procedimento:

بَحْر La parola è composta da 4 lettere: 3 consonanti ed una vocale breve. Controlla bene le tabella e cerca di riconoscere le lettere:

<u>Prima lettera</u>: qual è la lettera che in posizione iniziale ha un puntino sotto? La b; quale segno ortografico ha sopra? Un trattino, quindi si leggerà *ba*.

<u>Seconda lettera</u>: qual è la lettera in posizione centrale ha la forma di un'onda e non ha né puntino sotto né sopra? La *H*. quale segno ortografico ha sopra? Un cerchietto, che indica il silenzio, quindi la leggerò senza vocale.

<u>Terza lettera</u>: in posizione finale qual è quella lettera che somiglia ad una virgola ? la *r*!

Soluzione: **baHr**.

2.6. Soluzioni

Soluzione Es. 1

3 أَمْس	2 صَد	1 فَمّ
6 كِتاب	5 جَميل	4 شَمْس
9 يَسار	8 وَلَد	7 بِنْت

Soluzione Es. 2

qiṣṣ	sahl	ṭīr	waṣal	baHr
gharīb	film	hal	ʿuṭr	nīl

I segreti svelati di questo capitolo

. Abbiamo incontrato l'ultima lettera che non si lega a sinistra; la و

. Abbiamo incontrato anche l'ultimo segno ortografico, che indica l'assenza di una vocale al di sopra della consonante. Ricordati che non viene trascritto nel nostro alfabeto: è muto!

. Abbiamo incontrato tante lettere nuove, non presenti nel nostro alfabeto: esercitati a scriverle a mano e a pronunciarle!

. Abbiamo analizzato la doppia pronuncia delle vocali lunghe o semiconsonanti: tranquillo, per sapere se è una semiconsonante o vocale lunga ci sarà sempre il dizionario ad aiutarti.

3. GLI ARTICOLI (PARTE I)

3.1. Presentiamo l'articolo determinativo

Ti propongo un indovinello:
Cosa hanno in comune l'algebra, l'almanacco e l'albicocca?
Pensaci un attimo e poi continua a leggere.

Se hai riflettuto sull'uso o il significato di queste parole, ti posso dire che sei andato completamente fuori strada, in quanto la risposta è proprio sotto i tuoi occhi, ossia **la loro scrittura**: tutte iniziano con la sillaba "**AL**".

Non è una coincidenza, poiché tutte e tre provengono dall'arabo e la loro particolarità è che hanno conservato anche l'articolo della parola, ossia "AL"!
Non ci siamo, infatti, accontentati di "copiare" la parola ma abbiamo preso anche l'articolo.

Il motivo ti sarà più chiaro se continuerai a leggere, scoprendo così le particolarità dell'articolo in arabo.

L'articolo in arabo è tra gli argomenti grammaticali più semplici poiché, a differenza di tante lingue (compresa la nostra), esso **È INVARIABILE**, cioè **non cambia mai**.

È quindi uguale per il maschile, il femminile ed il plurale.

Ci sono però due particolarità da sapere sull'articolo determinativo: la prima è che *è sempre legato alla parola che definisce* e la seconda la vedremo subito dopo aver presentato l'articolo graficamente.

L'articolo è formato da 3 lettere: 2 consonanti ed 1 vocale breve: la consonante inziale **hamza**, portatrice della vocale breve "A", e una **lam** (L), la seconda ed ultima consonante dell'articolo.

Attenzione però, ricordati che la **hamza** iniziale è sempre "sostenuta" da una **alif** e che la *alif* rientra tra le lettere che non si attaccano a sinistra; quindi la **lam** la scriverai staccata dalla *hamza sostenuta dalla alif*.

E la *lam*, in quanto staccata dalla *hamza (sostenuta dalla alif)* deve essere scritta in posizione iniziale.

Una volta visto un esempio, sarà tutto più chiaro.

Articolo determinativo	Pronuncia e trascrizione	Esempio	Pronuncia e trascrizione es.
أَلْ	AL	ألْكِتَاب	Al-kitāb

3.2. Lettere Lunari e Solari ed il fenomeno della *liason*

Attorno all'articolo gravitano **due regole di pronuncia**. La prima ha un impatto sulla prime due lettere dell'articolo (alif hamza), la seconda sulla lam dell'articolo, ossia la terza lettera.

Per quanto riguarda la ***alif hamza***: la *alif hamza* vocalizzata in fatha/a si pronuncia solo se si trova all'inizio della frase e se la parola antecedente ha un ***sukun*** sull'ultima lettera. Altrimenti, in tutti gli altri casi, non viene pronunciata e si forma così una ***liason*** tra l'ultima vocale della parola precedente e la *lam* dell'articolo.

Per quanto riguarda la ***lam*** dell'articolo: quando viene pronunciata, può essere assimilata alla consonante successiva. Ossia, la *lam* non viene pronunciata e al suo posto, la consonante successiva, si raddoppia.

Tutto questo è un processo solo fonetico: graficamente la *lam* verrà sempre scritta ma, per segnalare il raddoppiamento della consonate successiva, verrà posto il simbolo che indica il raddoppiamento della consonante, ossia la piccola **w** arrotondata, sopra la consonante.

A seconda che la *lam* dell'articolo debba essere pronunciata oppure no, dividiamo le lettere dell'alfabeto in due categorie: **le Lettere Solari e le Lettere Lunari**.

Le **Lettere Solari** produrranno una "caduta" della *lam* durante la pronuncia, quelle **Lunari** no.

Hai già visto un esempio di lettera lunare nella *kaf*, mentre un esempio di lettera solare sarà riportato di seguito.

Articolo determinativo	Pronuncia e trascrizione	Esempio con lettera solare	Pronuncia e trascrizione es.
أَلْ	AL	أَلشَّمْس	Ash-shams

Come si può notare, **graficamente la *lam* è sempre presente**. Semplicemente, **non si pronuncia**.

Da notare anche che sopra la **w** che indica il raddoppio viene posto sopra il segno che indica la vocale breve **a**, normalmente presente sulla *shin* di questa parola.

Tranquillo, all'inizio sarà un procedimento un po' faticoso, ma piano piano diventerà automatico.

Di seguito saranno riportate le **Lettere Lunari e Solari** in una tabella.

Lettere solari	Lettere lunari
ت	ء
ث	ب
د	ج
ذ	ح
ر	خ
ز	ع
س	غ
ش	ف
ص	ق
ض	ك
ط	م
ظ	د
ل	و
ن	ي

3.3. Cosa hanno in comune l'arabo e il latino?

Niente meno che **i Casi**! Ma non spaventatevi, **sono solo 3 e le declinazioni sono solo due.**

Quindi, è molto più facile. Ti ci abituerai presto!

Detto questo, **il caso si esprime, come in latino, cambiando l'ultima consonante o meglio aggiungendo una vocale all'ultima consonante.**

Si usano le stesse vocali brevi che sono state studiate nel primo capitolo.

Non ti ricordi quali sono? (Vai a controllare!).

È per questo che l'ultima consonante di un sostantivo non è mai "vocalizzata" in un dizionario; la sua vocale cambia a seconda della funzione svolta dalla parola nella frase, quindi dal suo caso.

Di seguito sono riportate le **vocali che indicano i casi**.

Caso	Simbolo del caso	Esempio	Pronuncia esempio
Nominativo (soggetto)	ٌ	أَلْكِتَابُ	Al-kitābu
Accusativo (compl. oggetto)	ً	أَلْكِتَابَ	Al-kitāba
Compl. Indiretto (tutti gli altri casi)	ٍ	أَلْكِتَابِ	Al-kitābi

3.4. Esercitati un po'

ESERCIZIO 1

Lettera **lunare o solare?**

Trascrivi come si dovrebbe pronunciare il sostantivo.

1 الرَجُل	2 البِنْت	3 النُور	4 العَمَل
5 الدار	6 الباص	7 الكَلْب	8 السوق

Esempio:

L'esercizio è abbastanza semplice: controlla la tabella delle lettere lunari e solari e vedi a quale delle due categorie appartiene la prima lettera della parola.

La *r* fa parte delle lettere solari, quindi il suono sarà *"ar-r"* e non "al-r".

ESERCIZIO 2

Indovina il caso delle seguenti parole!

3 النَّجْمَ	2 الشَّمْسِ	1 الوَلَدُ
6 الوَرْدَ	5 الكَلْبِ	4 النَّجْمَ

Esempio:

Dopo aver individuato le consonanti e le vocali brevi che compongono la parola <u>soffermati sull'ultimo segno ortografico, che indica il caso</u>:

È un semicerchio?
È un trattino sopra la consonante o sotto?
È un semicerchio, che indica il nominativo?

3.5. Soluzioni

Esercizio 1

1 solare: ar-ragul;

2 lunare: al-bint;

3 solare: an-nūr;

4 lunare: al-'amal;

5 solare: ad-dār ;

6 lunare: al-bāṣ;

7 lunare al-kalb;

8 solare: as-sūq

Esercizio 2

1 Nominativo;

2 Compl. Indiretto;

3 Accusativo;

4 Accusativo;

5 Compl. Indiretto;

6 Accusativo

I segreti svelati di questo capitolo

. L'articolo si scrive sempre attaccato alla parola che definisce.

. <u>Nella pronuncia</u> la *lam* dell'articolo può scomparire e la consonante posta dopo si raddoppia

. Ci sono 3 casi nella grammatica araba: nominativo, accusativo, caso indiretto.

4. GLI ARTICOLI (PARTE II)

4.1. L'articolo indeterminativo

Nel capitolo precedente abbiamo visto alcune parole italiane prese dall'arabo, che hanno conservato anche l'articolo, ma non sempre è così.

Qui di seguito, ti scriverò solo le parole più comuni, ma sicuramente, studiando, ti imbatterai in parole molto simili tra il tuo dialetto (soprattutto se sei del sud Italia!) e l'arabo, in quanto, molte parole sono rimaste per lo più usate a livello locale!

Noterai che la maggior parte delle parole sono legate al cibo e al lavoro.

In italiano	In arabo	Pronuncia
zucchero	سُكَّر	sukkar
limone	لَيْمُون	laimūn
magazzino	مَخْزَن	makhzan
cotone	قُطْن	quṭn

In arabo, **l'articolo indeterminativo non si esprime prima del sostantivo ma alla fine**, tramite la "Seconda Declinazione", di cui abbiamo parlato nel precedente capitolo.

La "Seconda Declinazione" si ottiene aggiungendo il "*tanwin*" alla fine della parola.

Ma prima di tutto cos'è il *tanwin*? E come si pronuncia?

simbolo	Pronuncia simbolo	esempio	Pronuncia esempio
ٌ	un	بٌ	bun
ً	an	بً	ban
ٍ	in	بٍ	bin

4.2. I Casi

Come per l'articolo determinativo, le 3 diverse vocali brevi indicano la funzione del sostantivo svolta nella frase.

Anche in questo caso, i tre diversi ***tanwin*** indicano la funzione del sostantivo all'interno della frase.

Di seguito troverai una tabella riassuntiva.

Caso	Simbolo del caso	Esempio	Pronuncia esempio
Nominativo (soggetto)	ٌ	كِتَابٌ	kitābun
Accusativo (compl. oggetto)	ً	كِتَابًا	kitāban
Compl. indiretto (tutti gli altri casi)	ٍ	كِتَابٍ	kitābin

4.3. Adesso esercitati un po'

Pronuncia la parola, indovina se è determinata o no e qual è il suo caso!

3 عَمَلٌ	2 بِنْتٌ	1 الوَلَدُ
6الكَلْبِ	5النَّجْمَ	4 الشَّمْسِ
X	8 كِتابٍ	7 الوَرْدَ

Esempio:

Osserva bene: ha l'articolo? Si, quindi è determinata. Qual è l'ultima semi vocale? Un semi cerchietto, quindi il caso è nominativo. Come si legge la parola, escludendo l'articolo? Ci sono 3 consonanti ed ognuna sorregge una vocale breve.
Prima lettera, una *Waw*, che leggerò "W" in quanto sorregge una semi-vocale, la A, quindi: WA.
Seconda lettera: è una *lam* che sorregge la vocale breve A quindi: LA
Terza lettera: è una *dal* che sorregge la vocale breve U, quindi: DU
Parola intera: WA-LA-DU
Parola intera con l'articolo: AL-WA-LA-DU

4.4. Soluzione

1) determinata: al-walado; nominativo
2) indeterminata: bintun; nominativo
3) indeterminata: 'amalin; caso indiretto
4) determinata: ash-shamsi; caso indiretto
5) determinata: an-najma: caso accusativo
6) determinata: al-kalbi; caso indiretto
7) determinata: al-warda; caso indiretto
8) indeterminata: kitābin; caso indiretto

I segreti svelati di questo capitolo

. L'articolo indeterminativo non si pone a inizio ma a fine parola.

. In arabo, ci sono 3 CASI anche per l'articolo indeterminativo, che vengono segnati dal *tanwin*, ossia l'aggiunta del suono "n" dopo la vocale che indica il caso: UN; AN; IN.

5. I PRONOMI PERSONALI E IL VERBO ESSERE

5.1. Cosa hanno in comune l'arabo e il greco?

أَنْتُما مِن أَلعِراق وَ أَنا مِن لُبْنان

Antumā min al-ʿiraqi wa anā min Lubnān
<u>Voi due</u> venite dall'Iraq e io dal Libano.
Letteralmente: voi due siete dall'Iraq, e io dal Libano

أَنا؟ لا. هُما مِن أَلعِراق أَنا مِن مِصْر!

Ana? Humā min al-ʿiraqi wa anā min Miṣr!
Io? No, loro due vengono dell'Iraq, io vengo dall'Egitto!
Letteralmente: No, loro due sono dall'Iraq, io sono dall'Egitto

قُلْتُ "أَنْتُما" وَ ما قُلْتُ "أَنْتُم"

Qultu "antumā" wa mā qultu "antum"
Ho detto "voi due", non ho detto "voi".

تَمام...

Tamām...
Ok...

Se sei arrivato alla fine del dialogo abbastanza perplesso e con un po' di mal di testa, tranquillo, è normale! Sono stati introdotti parecchi concetti nuovi, ma quello che evidenzieremo in questo primo paragrafo è uno solo: **la presenza del duale nella grammatica araba**.

Se rileggi attentamente il dialogo, ti accorgerai, infatti, che esiste un "**voi due**" e un "**voi**" per due persone e più, e lo stesso vale per il "**loro due**" e il "**loro**" che indica più di due individui.

Forse quanto appena detto potrà suonare nuovo a molti ma a chi ha studiato greco antico ricorderà qualcosa, poiché anche in questa lingua, così come in altre, è presente questa differenziazione.

Da notare, nella lingua araba, che il duale è caratterizzato dalla "ā" finale.

"**VOI DUE**" e "**LORO DUE**" non sono gli unici pronomi personali che la lingua araba possiede e la lingua italiana no, in quanto, sono presenti anche il "**TU FEMMINILE**", il "**VOI FEMMINILE**" e il "**LORO FEMMINILE**"!

Di seguito sono riportati tutti i **pronomi** con la relativa traslitterazione e traduzione.

Pronome	Traslitterazione	Traduzione
أنا	anā	io
أنتَ	anta	Tu mas.
أنتِ	anti	Tu
هوَ	huwa	Lui
هيَ	hiya	Lei
هما	humā	Loro due
نحنُ	naHnu	Noi
أنتُم	antum	Voi mas.
أنتُنَّ	antunna	Voi fem.
أنتُما	antumā	Voi due
هُم	hum	Loro mas.
هُنَّ	hunna	Loro fem.

5.2. Davvero il verbo essere non esiste? La FRASE NOMINALE: cos'è e come si forma?

Ora, se i pronomi personali ti sono sembrati tanti e stai pensando che non potrai mai ricordarli tutti, ho una buona notizia per te!

Rileggi nuovamente il testo, controllando i pronomi e la relativa traduzione della frasi: non manca nulla nelle frasi in arabo che, invece, in italiano c'è?

Ma sì, è il **VERBO ESSERE**! Ecco la bella notizia!
In arabo, nelle frasi in cui il **verbo essere** in italiano è **al presente indicativo**, quest'ultimo non viene tradotto, non esiste!

Puoi così imparare a fare tantissime frasi senza dover imparare alcuna coniugazione! Questo tipo di frase viene chiamata "**FRASE NOMINALE**" proprio per questo; per l'assenza di un verbo.

Essa è composta da: un soggetto, che può essere un pronome personale (come nell'esempio), un sostantivo determinato, un nome proprio o un aggettivo dimostrativo, e un predicato, che può essere un aggettivo, sostantivo o formato da una preposizione più un complemento indiretto.

Ricordiamo ancora una volta che in italiano i due elementi sono separati dal verbo essere, mentre in arabo vengono giustapposti.

Per quanto riguarda i casi degli elementi che compongono la frase nominale, il soggetto, se rappresentato da un sostantivo determinato va messo al nominativo determinativo mentre il predicato, che descrive il soggetto e/o qualifica il soggetto, va messo al nominativo indeterminativo.

Ti ricordi i segni del nominativo? Vai a controllarli nei due capitoli precedenti!

Se questo, comunque, può sembrarti un po' astratto, grazie agli esempi che seguono, vedrai che è tutto piuttosto facile e intuitivo.

Abbiamo già visto un esempio di frase nominale formata dal pronome personale, il soggetto della frase, e una preposizione più complemento indiretto, il predicato della frase, ossia:

Quando il soggetto è un sostantivo e il predicato un aggettivo:

Il vicino è gentile.

sostantivo	aggettivo
IL VICINO	GENTILE
SOGGETTO	PREDICATO

Quando il soggetto è un nome proprio e il predicato è rappresentato da un sostantivo:

Mario è uno studente.

sostantivo	Nome proprio
STUDENTE	MARIO
PREDICATO	SOGGETTO

5.3. Un po' di Preposizioni utili

Per rimanere in tema, credo ti sarà utile di conoscere un po' di preposizioni per **arricchire il tuo lessico e formare frasi di senso compiuto**, con uno sforzo davvero piccolo.

Qui di seguito, ti segnalo alcune tra le **PREPOSIZIONI** più comuni.

Prep.	Traslit.	Traduzione
لِ	li	A, per
بِ	bi	Con (con gli oggetti)
مَعَ	ma'a	Con (con le persone)
فِي	fī	Dentro, in
تَحْتَ	taHta	Sotto
أَمَامَ	amāma	Davanti
بَعْدَ	ba'da	Dopo
قَبْلَ	qabla	Prima

Prima di passare agli esercizi vorrei farti notare alcune particolarità delle **PREPOSIZIONI**:

1. Tutte le preposizioni (e altre parole formate da un'unica lettera) si devono scrivere attaccate al sostantivo successivo.

2. La preposizione che traduce il compl. di termine (ل) crea un cambiamento importante nel sostantivo che segue se è determinato, in quanto la *alif hamza* dell'articolo cade. Quindi si hanno due *lam* attaccate; la prima vocalizzata in *kasra/i*, la seconda con un *sukun*.

Es: *Il libro è per l'insegnante.*

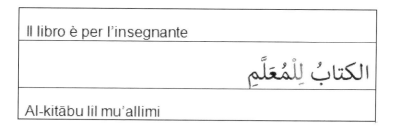

Il libro è per l'insegnante
الكِتابُ لِلْمُعَلِّمِ
Al-kitābu lil mu'allimi

3. Quasi tutte le preposizioni hanno come ultima vocale una *fatha/a*, come il compl. oggetto. Questa vocalizzazione non cambia MAI, a meno che non siano seguite dalla " ī " di possesso.

5.4. Ora puoi costruire le tue prime frasi!

Ora che sai in cosa consiste la frase nominale, ti consiglio di esercitarti un po' con la traduzione di queste semplici frasi, grazie alle quali, saprai applicare questa nuova regola e potrai conoscere nuovi vocaboli, di cui troverai la traduzione tra parentesi e la traslitterazione nel paragrafo delle soluzioni.

Alla fine del quinto giorno saprai presentarti e parlare un po' di te. Direi che non è poco!

1) Sono uno studente

2) La ragazza è con un amico
Ragazza: بِنْت   Amico: صَدِيق

3) Lui è italiano
Italia: إيطاليا

4) Noi siamo in un ufficio
Ufficio: مَكْتَب

5) Tu (fem.) sei egiziana.

5.5. Soluzioni

1 أنا طالبٌ
Anā ṭālibun

2 ألْبِنْتُ مَعَ صَديقٍ
Al-bintu ma'a ṣadīqin

3 هُوَ مِن إيطاليا
Huwa min Iṭālīā

4 نَحْنُ في مَكْتَبٍ
NaḤnu fī maktabin

5 أنْتِ مِن مِصْر
Anti min miṣr

I segreti svelati di questo capitolo

. In arabo esiste il **duale** e il suo segno distintivo è la "ā", che si aggiunge al loro corrispettivo singolare.

. Esiste un pronome personale femminile per tutte le persone: tu fem., voi fem., loro fem.

. Il verbo essere presente e al modo indicativo in arabo non viene esplicitato, ossia non viene tradotto: si possono comporre frasi senza verbo, e questo tipo di frasi vengono dette **frasi nominali**.

. Elementi indispensabili della frase nominale: soggetto (pronome, nome definito da articolo, nome proprio, pronome dimostrativo) e predicato (aggettivo, sostantivo, preposizione più compl. indiretto).

. Casi della frase nominale: nominativo determinato per quanto riguarda il soggetto, indeterminato per quanto riguarda il predicato.

6. IL FEMMINILE SINGOLARE E PLURALE

6.1. I pilastri dell'islam

So che il quinto giorno è stato un po' pesante, quindi, per rilassarti ti consiglio di leggere questo paragrafo, che ti farà conoscere un altro aspetto del mondo arabo, ossia l'islam.

Non confonderti però! Nel mondo arabo esistono altre religioni oltre l'islam, che, anche se è quella con il maggior numero di fedeli, è solo una delle religioni presenti.

Qui parleremo brevemente dei pilastri (*arkān*) dell'islam, ossia quelle azioni che il fedele deve fare, quotidianamente o annualmente a seconda dell'azione, per potersi dire **musulmano**.

I pilastri sono cinque e sicuramente conoscerai il quarto, ossia il digiuno che si fa durante il mese del ***Ramaḍān***.

Gli altri, nell'ordine, sono:

1. <u>La professione di fede</u> (شَهَادَة), che consiste in due "testimonianze": *"attesto che non c'è Dio al di fuori di Dio"* e *"attesto che Muhammad è il profeta di Dio"*. Esse devono anche essere professate da chiunque decida di convertirsi all'islam

2. **La preghiera** (صَلاة), che deve essere fatta **5 volte al giorno**: alba, mezzogiorno, pomeriggio, tramonto e durante la notte. È sempre annunciata dai minareti delle moschee sparse per la città e deve essere compiuta una volta che si sono fatte le **abluzioni** (lavaggio di viso, braccia e piedi).

3. <u>L'elemosina</u> (زَكاة), ossia ciò che si deve versare, in maniera obbligatoria, una volta l'anno.

4. <u>Il digiuno</u> (صَوم) durante il nono mese dell'anno lunare, ossia il **Ramaḍān**. Varia di anno in anno e durante questo mese il credente, dall'alba al tramonto, non può mangiare, bere, fumare o avere rapporti sessuali.

5. <u>Il pellegrinaggio</u> (حَجّ) a Medina, in Arabia Saudita. Questo, a differenza degli altri, deve essere fatto almeno una volta nella vita.

6.2. Il femminile: É davvero così semplice?

Ora che ti sei riposato un po', torniamo alla lingua! In questo paragrafo e in quello che segue, impareremo a riconoscere quando un sostantivo è femminile e la formazione del femminile.

Prima di tutto, è importante sapere che **in arabo un sostantivo o è maschile o è femminile; non esiste il genere neutro** e la marca del femminile è la "*ta marbuta*".

Se non trovi questo segno, che ora verrà descritto, significa che il suddetto sostantivo è maschile.

Esistono, tuttavia, alcuni (pochi) sostantivi che sono femminili "per natura" e per quelli dovrai consultare il dizionario.

La regola per formare un sostantivo o aggettivo femminile è molto semplice: si aggiunge una "*ta marbuta*" al singolare maschile.

Ma fermiamoci un attimo: che cos'è la "*ta marbuta*"?

La sua traduzione significa "**ta legata**" e, difatti, si pronuncia come la "**t**" e dal punto di vista grafico, nella sua posizione isolata finale, sembra effettivamente una "ta legata", con i due puntini tipici dalla "**ta**" sopra.

Una volta che l'avrai vista, mi darai ragione.

Eccola: ة

La "*ta marbuta*" ha una sola posizione: quella finale.

È solo una marca che si aggiunge alla fine del sostantivo e **non la potrai mai trovare all'inizio o in mezzo al sostantivo**.

A seconda, però, che la lettera precedente sia una lettera che consente l'unione oppure no, la "ta marbuta" finale assume due forme:

Quando la lettera precedente consente l'unione con quella successiva	Quando la lettera precedente non consente l'unione con quella successiva
ة	ة

Hai già visto un esempio della sua scrittura isolata nella parola *shahāda* (testimonianza).

Ora, invece, vedremo un esempio di "**ta marbuta**" legata alla lettera precedente e allo stesso tempo forniremo un esempio di "**femminilizzazione**": prenderemo un sostantivo maschile e lo renderemo femminile solo aggiungendo la "**ta marbuta**".

Facile, no? Pensa ad uno straniero che deve imparare tutti i nostri suffissi per i sostantivi femminili...

sostantivo	traduzione	traslitterazione
(m) طَبِيبٌ	dottore	ṭabībun
(f) طَبِيبَةٌ	dottoressa	ṭabībatun

Un'ultima regola importante sul singolare femminile prima di passare a quello plurale:

La lettera precedente la "ta marbuta" va sempre vocalizzata con una "a".

6.3. Il femminile plurale

Così come la formazione del femminile è molto regolare, anche la formazione del femminile plurale è molto regolare e consiste in 2 passaggi:

1) Si parte dal femminile singolare e si toglie la "**ta marbuta**";

2) Si aggiunge ات (āt) al sostantivo o aggettivo che sia.

Ti sembrerà molto simile al singolare ma la differenza sta nella "ā". Basta che la si pronunci allungata e il gioco è fatto.

6.4. Sicuro di aver capito tutto? Mettiti alla prova!

Con questo esercizio vorrei farti capire meglio l'utilità e la facilità del femminile: dovrai rendere la piccola frase che troverai al femminile, facendo bene attenzione a trasformare ogni sostantivo ed aggettivo.

1) Il padre è con un dottore.

Padre: وَالِد (wālid)

2) Tu sei un impiegato.

Impiegato: مُوَظَّف (muwazzaf)

3) Lui è gentile.

4) La vicina è una studentessa.

5) Il ragazzo è libanese.

Libanese: لُبْنانيّ (lubnaniyy)

6.5 Soluzioni

1 الوَالِدةُ مَعَ طَبيبةٍ
Al-wālidatu ma'a ṭabībatin

2 أَنْتِ مُوظَّفَةٌ
Anti muwaẓẓafatun

3 هِيَ لَطيفةٌ
Hiya laṭīfatun

4 الْجَارةُ طالِبةٌ
Al-gāratu ṭalibatun

5 البِنْتُ لُبْنانِيَّةٌ
Al-bintu lubnaniyyatun

I segreti svelati di questo capitolo

. Il femminile è caratterizzato dalla "**ta marbuta**"

. La "**ta marbuta**" può essere scritta in due modi e la lettera che la precede deve essere sempre vocalizzata con una "**a**"

. Per formare il femminile basta aggiungere una "**ta marbuta**" al singolare maschile. Questa regola vale sia per i sostantivi, che per gli aggettivi.

. Il femminile plurale è caratterizzato da "**āt**" alla fine del sostantivo.

7. TUTTO HA INIZIO CON TRE RADICI

7.1. Qualche informazione sul verbo TRILITTERO e la FRASE VERBALE

Ti consiglio di prestare particolare attenzione a questo capitolo, in quanto, dopo averlo letto, sarai finalmente in grado di **costruire una frase usando un verbo**.

Certo, la frase sarà esclusivamente al passato, ma è pur sempre un gran passo in avanti!

Ho tre notizie per te prima di cominciare: due buone e una cattiva.

La prima buona è che **in arabo il concetto di "ausiliare" per la composizione del verbo al passato non esiste**.
Il passato si forma semplicemente con delle desinenze.

La seconda buona notizia è che **le desinenze dei verbi al passato sono sempre regolari**.

Quella cattiva, invece, è che **ogni persona** (ti ricordi quali sono?) **ha una sua propria desinenza**, pertanto esse sono abbastanza numerose e alla fine del capitolo sicuramente le confonderai un po'. Però, non preoccuparti, con la dovuta applicazione, nel giro di qualche giorno saprai memorizzarle.

Inoltre, prima di andare avanti, è importante che tu sappia che nella frase verbale **il verbo va messo sempre ad inizio della frase**, seguito dal soggetto (se esplicito).

Il verbo, quando anticipa il soggetto, **deve essere sempre al singolare**, anche se il soggetto che segue è plurale.

Quindi non dirai: "*Marco è andato al mercato*" ma "*è andato Marco al mercato*".

E non dirai "*sono andati i ragazzi al mare*" ma "*è andato i ragazzi al mare*".

7.2. Formazione

Come anticipato, **il passato si forma semplicemente con delle desinenze.**

Se ti stai chiedendo dove devi attaccare queste desinenze, ti stai ponendo la domanda giusta.

Si parte sempre del verbo coniugato alla terza persona singolare maschile; **equivale al nostro infinito** ed è ciò che, infatti, troverai nel vocabolario quando cercherai un verbo in arabo.

Oggi studieremo esclusivamente **il verbo composto da tre radici, ossia tre lettere.** È tra i più comuni e diffusi e, come vedrai nel corso dei giorni, fonte di moltissime parole.

Per il momento, fermiamoci ad esaminare un esempio:

Es: دَرَسْ (**darasa**) vuol dire *"(egli) ha studiato"*.

A partire da questa forma, si devono aggiungere le desinenze che ora leggerai, facendo attenzione ad alcuni particolari:

1) Se la prima lettera della desinenza contiene una vocale, l'ultima radicale del verbo (in questo caso la *sin*) perderà la sua vocale breve (e ci sarà un **sukun**).

Questo è il caso di: tutti i pronomi singolari eccetto: essa, noi, voi e esse.

2) Se la prima lettera della desinenza ha un sukun, allora la vocale breve non cade.
Questo caso è valido solo per la terza persona singolare femminile.

3) Se la desinenza è una vocale lunga, la vocale lunga prevale e l'ultima radicale del verbo avrà la stessa vocale breve della desinenza.
Questo è il caso di: loro due e loro maschile.

7.3. Desinenze ed esempio

Pronome		desinenza	Traslitterazione
أَنَا		تُ	Tu
أَنْتَ		تَ	Ta
أَنْتِ		تِ	Ti
هُوَ			
هِيَ		تْ	T
m.	هُمَا	ا	Ā
f.	هُمَا	تَا	Tā
نَحْنُ		نَا	Nā
أَنْتُمْ		تُمْ	Tum
أَنْتُنَّ		تُنَّ	Tunna
أَنْتُمَا		تُمَا	Tumā
هُمْ		* وا	Ū
هُنَّ		نَ	Na

* La ā si scrive solo, non si pronuncia!!

Di seguito avrai l'esempio del verbo  coniugato in tutte le sue persone.

verbo	traslitterazione	traduzione
دَرَسْتُ	darastu	Ho studiato
دَرَسْتَ	darasta	Hai studiato (m.)
دَرَسْتِ	darasti	Hai studiato (f.)
دَرَسَ	darasa	Ha studiato (m.)
دَرَسَتْ	darasat	Ha studiato (f.)
دَرَسَا	darasā	Hanno studiato (duale m.)
دَرَسَتَا	darasatā	Hanno studiato (duale f.)
دَرَسْنَا	darasnā	Abbiamo studiato
دَرَسْتُمْ	darastum	Avete studiato (m.)
دَرَسْتُنَّ	darastunna	Avete studiato (f.)
دَرَسْتُمَا	darastumā	Avete studiato (duale)
دَرَسُوا	darasū	Hanno studiato (m.)
دَرَسْنَ	darasna	Hanno studiato (f.)

7.4. Adesso esercitati!

Grazie a questi esercizi, scoprirai un po' di **verbi regolari trilitteri**, molto diffusi, e potrai memorizzare meglio le numerose desinenze.

Il tuo compito sarà quello di **abbinare al verbo coniugato il suo pronome**.

Troverai il significato del nuovo verbo tra parentesi sotto la tabella, mentre la sua trascrizione e le soluzioni le troverai nel prossimo paragrafo.

A	أَنْتِ	1 خَرَجْتُ
B	أَنْتَ	2 ذَهَبْنا
C	هِيَ	3 دَرَسْتَ
D	نَحْنُ	4 فَهِمْتُمْ
E	أَنْتُمْ	5 شَرِبْتَ

خَرَجَ : uscire

ذَهَبَ : andare

فَهِمَ : capire

شَرِبَ : bere

7.5. Soluzioni

SOLUZIONE	TRASLIT.	TRADUZIONE
A-5	sharabti	Hai bevuto (f.)
B-3	darasta	Hai studiato (m.)
C-1	kharagat	È uscita
D-2	dhahabnā	Siamo andati
E-4	fhahimtum	Avete capito (m.)

I segreti svelati di questo capitolo

. Il passato si forma a partire dalla terza persona singolare maschile.

. Il passato si esprime attraverso delle desinenze che si attaccano alla terza persona singolare maschile.

. L'ultima consonante del verbo subisce dei cambiamenti a seconda della prima consonante o vocale lunga della desinenza di ogni persona.

. L'ordine della frase verbale è diverso da quello delle lingue occidentali: il verbo precede il soggetto.

8. IL PLURALE MASCHILE E IL DUALE DEI NOMI

8.1. Qualche curiosità sul Ramadan

Oggi cominceremo con alcune curiosità non legate alla lingua, in modo che oltre alla lingua tu sappia anche qualcosa sulla cultura.

Ho selezionato per te un po' di informazioni sul Ramadan, in quanto esso è un pilastro dell'islam molto particolare ed interessante!

Sapevi, ad esempio, che esso non è esattamente uguale in tutto il mondo arabo? Non ti stupire troppo però: ricordati che l'islam oltre ad essere la religione più diffusa nei 21 paesi arabofoni, è anche il credo con il maggior numero di seguaci anche in molti altri paesi, come la Turchia, l'Iran e l'Indonesia. Quindi, è normale che si siano sviluppate, nel corso dei secoli, delle consuetudini più locali.

Ad esempio, in **Iraq**, spesso, i vicini si scambiano così tanto il cibo preparato durante la giornata, che al momento dell'**Ifṭār** (pasto che si può consumare dopo il tramonto) spesso si mangiano solo le pietanze dei vicini!

In **Kuwait**, invece, colui che sveglia i credenti prima dell'alba (per mangiare e bere qualcosa prima che la giornata inizi), ha un posto così importante nella società, che riceve un regalo alla fine del Ramadan.

In **Algeria** invece l'*Ifṭār* ha inizio sempre con datteri e latte, a volte mischiati, e poi si passa alla "cena" più sostanziale.

Presso alcune famiglia in **Arabia Saudita**, invece, è usanza trascorre l'*Ifṭār* presso qualche componente della famiglia.

Queste sono solo alcune delle tradizioni diffuse.

Un ritratto di Ifṭār a Dehli

Nota: la parola **Ifṭār** si scrive in arabo إفطار

Se sei curioso di saperne di più, corri ad informarti sulle consuetudini del paese che più ti affascina!

8.2. Per il plurale maschile... solo due casi!

Dopo che ti sei distratto un po', ti propongo di tornare alla grammatica. Ma oggi anche con la grammatica non ti dovrai impegnare molto, promesso.

Continuiamo solo ad ampliare il lessico, imparando a formare il **MASCHILE PLURALE**. E sarà davvero semplice, in quanto, è *quasi* **sempre regolare** e, quindi, lo sforzo sarà minimo. Ci sono, comunque, dei plurali che non seguono la regola e dovrai, quindi, consultare il vocabolario.

L'unico sforzo che devi fare è ricordarti che **per il plurale maschile esistono solo due casi** e non tre, in quanto, l'accusativo e il caso obliquo seguono la stessa "declinazione".

Per formare il plurale maschile, comunque, si parte dal singolare e si attaccano le seguenti desinenze.

Nominativo	Accusativo e caso obliquo
ونَ	ينَ

Facciamo un esempio. Prendiamo una parola che già conosci: "impiegato". Hai memorizzato come si dice, spero.

Per dire **"impiegati"** si dirà, quindi:

(muwaẓẓafuna)

(muwaẓẓafīna)

8.3. Il DUALE: basta solo un poco di concentrazione e la regola va giù!

Come avrai intuito dal titolo del paragrafo ti confermo che, sì, **in arabo esiste il duale non solo per i pronomi ma anche per i sostantivi e i verbi**, come hai potuto notare mentre leggevi il capitolo precedente.

Come si forma e come si declina, è ciò che verrà trattato qui di seguito.

Come il plurale maschile, anche **il duale segue solo due declinazioni**, in quanto, l'accusativo e il caso obliquo vengono declinati alla stessa maniera.

Quali sono queste declinazioni?

Nominativo	Accusativo e caso obliquo
انِ	ينِ

Come avrai notato, la desinenza dei casi accusativo e obliquo è molto simile a quella del plurale maschile.

L'unica differenza sta nel tipo di vocale breve da mettere sulla consonate precedente la desinenza: nel maschile plurale è una "i", nel duale è una "a".

Per dire "**due impiegati**", quindi, si dirà:

(muwaẓẓafani)

(muwaẓẓafayni)

8.4. Cosa hanno in comune il maschile plurale e il duale?

Prima di cominciare ad esercitarti con questi nuovi concetti, ti invito a riflettere e a notare un particolare: in entrambi i tipi di sostantivi, il plurale maschile e il duale, la **definitezza (presenza dell'articolo o meno)** del sostantivo si esprime solo attraverso l'articolo e non tramite il *tanwin* come avviene con gli altri sostantivi.

Se è l'articolo è presente, il sostantivo è determinato altrimenti non lo è. L'importante è ricordarsi che *il sostantivo non subisce altri cambiamenti sull'ultima radicale.*

Facciamo due esempi e il concetto ti sarà più chiaro.

Con un sostantivo determinato:

	Esempio sostantivo determinato	traslit.	traduzione
non duale	دَرَسْتُ الْكِتَابَ	Darastu al-kitāba	Ho studiato il libro
duale	دَرَسْتُ الْكِتَابَيْنِ	Darastu al-kitābayni	Ho studiato i due libri

Esempio con un sostantivo indeterminato:

	Esempio sostantivo indeterminato	traslit.	traduzione
non duale	دَرَسْتُ كِتاباً	Darastu kitāban	Ho studiato un libro
duale	دَرَسْتُ كِتابَيْنِ	Darastu kitābayni	Ho studiato due libri

8.5. Due forme particolari di plurale: PLURALI FRATTI e DIPTOTI

Prima di concludere il capitolo sui plurali, non possiamo non presentare due forme particolari di plurale: **plurali fratti e diptoti**.

PLURALI FRATTI

Abbiamo analizzato fino ad ora il cosiddetto **plurale sano**, ossia, che si forma aggiungendo una o più desinenze alla fine del sostantivo singolare.

Ma, per formare il plurale di molti sostantivi, in arabo si devono aggiungere una o più lettere all'*interno* della parola al singolare; oppure, cambia solo la vocalizzazione interna e non vengono aggiunte lettere.

Ci sono vari schemi di plurali e oggi vedremo due degli schemi più diffusi; durante questo mese ne incontrerai altri e ti consiglio di fare una piccola lista.

1° SCHEMA: **Alif hamza** prima della prima radicale, **Sukun** sulla prima radicale, **Alif** tra la seconda e la terza radicale.

plurale	singolare
أَوْلاد	وَلَد

2° SCHEMA: Nessuna vocale lunga e una **damma/u** sulla prima e sulla seconda radicale.

plurale	singolare
كُتُب	كِتاب

PLURALI DIPTOTI

Sono nomi un po' particolari, in quanto, hanno delle regole speciali solo per il loro plurale.

Il plurale di questi nomi, infatti, <u>quando è indeterminato</u>, segue delle regole lontane da quelle normali:

. *Ha solo due casi, nominativo e accusativo;*
. *Perde il tanwin, ossia il loro caso è uguale ad un sostantivo determinato, ma senza articolo.*

Questa loro caratteristica, non influenza il resto della frase in quanto, ad esempio, il loro aggettivo ha il **tanwin** e non ha l'articolo. Nel caso in cui il plurale di questi nomi sia determinato, tornano a seguire le normali regole.

In ultimo, va detto che questo plurale è **tipico dei nomi di luogo** e viene indicato nel vocabolario con la presenza di una semplice **damma/u** sulla lettera finale **senza tanwin**, come avviene solitamente.

8.6. Sei sicuro che sia tutto chiaro?

In questo esercizio ti chiederò di tornare a tradurre un po'. So che è difficile ma è molto utile per memorizzare regole e vocaboli.

Attento, per tradurre queste frasi non guardare solo le nuove regole di questo capitolo!

1. Le due ragazze sono uscite.

2. Gli impiegati sono andati in ufficio.

Lett. Sono andati verso l'ufficio → **Verso:** إِلى

3. Il ragazzo ha capito la lezione.

4. Lui é gentile.

8.7. Soluzioni

1 خَرَجَتْ أَلْبِنْتانِ

Kharagat al-bintani

2 ذَهَبَ أَلْمُوَظَّفونَ إلى أَلمَكْتَبِ

Dhahaba al muwaẓẓafuna ila al maktabi

3 فَهِمَ اَلشَّابُّ اَلدَّرْسَ

Fahima ash-shabbu ad-darsa

4 هُوَ لَطيفٌ

Huwa laṭifun

I segreti svelati di questo capitolo

. Il duale e il plurale maschile si esprimono attraverso delle declinazioni che si aggiungono alla fine del sostantivo al singolare. Questi due plurali hanno solo due desinenze: una per il nominativo e una per l'accusativo e il caso obliquo.

. Entrambi i sostantivi non necessitano del *tanwin* quando sono indeterminati; l'assenza dell'articolo basta a far capire che il sostantivo è indeterminato.

. Il plurale fratto consiste nell'aggiungere vocali breve o lunghe all'<u>interno</u> del sostantivo singolare; il plurale non si esprime quindi alla fine del sostantivo.

. Ci sono dei nomi detti diptoti: il plurale indeterminato di questi nomi non ha un *tanwin* ed ha solo due casi: nominativo ed accusativo.

9. L'AGGETTIVO

Dopo aver letto il brevissimo testo che segue e la traduzione delle parole nuove che troverai alla pagina successiva, ti consiglio di sottolineare gli aggettivi. Noti qualcosa di strano?

Un ragazzo si è appena trasferito in un paese arabo e si presenta alla sua nuova classe.

مَرْحَباً. اِسْمي كْلاوديو وَ أَنا مِن إيطاليا.

Salve. Mi chiamo (lett: il mio nome è)   Claudio e sono italiano.

عَمَلَ وَالِدي في السَّفَرَةِ الإيطالِيَّة في تونِس وَ دَرَسْتُ اللُّغةَ العَرَبِيَّةَ في الجَامِعَةِ

Mio padre ha lavorato presso (lett: in) l'ambasciata italiana a (lett: in) Tunisi, così all'università (lett: in) ho studiato arabo (lett: la lingua la araba).

ذَهَبْتُ إلى مِصْر و عُمان أيضاً. رَجَعْتُ إلى تُونِس بَعْدَ غِيابٍ طَويلةٍ

Sono andato anche in Egitto e Oman. Sono tornato in (lett: verso, a) Tunisia dopo una lunga assenza.

Traslitterazione e parole nuove:

MarHban. Ismī Claudio wa anā min Iṭālīā.

'amala wālidī fī s-safarati al-iṭaliyyati fī Tunisi wa darastu l-lughata l-arabiyyata fi l gāmi'ati.

Dhahabtu ilā Miṣr wa Umān aīḍan wa raja'tu ilā Tunis ba'da ghyābatin ṭawīlatin.

مَرْحَباً	salve	لُغة	lingua
إِسْمي	il mio nome è	عَرَبِيّ	arabo
عَمَل	lavorare	جامِعة	università
وَالِدي	mio padre	غِيابة	assenza
سَفْرة	ambasciata	طَويل	lungo

9.1. L'importante è fare attenzione al genere femminile!

Oggi imparerai un'altra componente della frase, verbale o nominale che sia, che non puoi non conoscere per poter esprimerti in un'altra lingua, ossia l'**AGGETTIVO**.

Come si accorda? Quale posizione ha nella frase?

Siediti comodo, metti il telefonino in modalità aereo e cominciamo.

Per quanto riguarda la sua posizione nella frase, **l'aggettivo segue sempre il nome a cui si riferisce**: non si può mai mettere, come in italiano, prima del sostantivo.

Per quanto riguarda l'accordo invece, l'aggettivo segue delle regole abbastanza lontane da quelle delle lingue europee: segue, infatti, due regole diverse a seconda che il sostantivo sia "umano" o no.

1. L'aggettivo si concorda in numero, caso, genere *e determinazione (se ha l'articolo o no)* con il sostantivo che descrive, **se il suddetto sostantivo è umano**.

Quindi, se il sostantivo è maschile, singolare, determinato e in caso accusativo, l'aggettivo sarà maschile, singolare, determinato in caso accusativo.

Es. l'aggettivo di "studenti" è "bravi".

2. L'aggettivo si concorda *solo in caso e determinazione* con il sostantivo che descrive **se il suddetto sostantivo non è**

umano. Infatti, se il sostantivo non animato, ad esempio, è plurale e maschile, l'aggettivo sarà femminile e singolare, in quanto *l'aggettivo di un sostantivo plurale non animato è sempre femminile singolare*.

Es. l'aggettivo di "quaderni" è "bella".

3. **Per il duale**, invece, indipendentemente dal fatto che il sostantivo sia animato oppure no, **l'aggettivo avrà le stesse desinenze** che sono state usate per il sostantivo.

9.2. L'aggettivo di NISBA e uno stampo per formare gli aggettivi

In questo paragrafo imparerai alcuni metodi facili e veloci per formare degli aggettivi.

1. **LA NISBA:** letteralmente significa la "connessione, attribuzione" e questa forma di aggettivo, infatti, si ottiene semplicemente aggiungendo ad un sostantivo una **ya** doppia.

Si usa moltissimo, ad esempio, per descrivere la nazionalità di una persona e ne hai avuto un esempio nel 5° capitolo con l'aggettivo "libanese":

لُبْنَانِيّ

alla parola Libano  è bastato, infatti, aggiungere una **ya** doppia per formare il suo aggettivo. Semplice, no?

2. **GLI STAMPI:** Ora ti anticiperò ciò che verrà spiegato meglio in un altro capitolo, a parte.

Ti ricordi le tre radicali che servono a formare il verbo al passato? Ecco, partendo da quelle, si possono formare tantissimi tipi di parole, tra cui gli aggettivi e i verbi, seguendo, però, sempre delle regole e delle forme precise.

Queste regole funzionano come uno stampo: una volta che le tre radicali sono inserite in un determinato stampo, ciò che ne esce avrà sempre la stessa funzione all'interno della frase. Ossia: se le tre radicali sono inserite in un determinato stampo saranno un aggettivo; se sono inserite in un altro saranno un verbo, ecc.

Molto spesso, per formare gli aggettivi si usa lo stampo

ossia tra la seconda radicale e la terza si mette una ī.

Di seguito troverai una serie di esempi per capire meglio:

radicali	Cosa esprimono le radicali	Dopo aver inserito le radicali nello stampo dell'aggettivo	Significato aggettivo
كَرُمَ	essere generoso	كَرِيم	generoso
كَبُرَ	essere grande	كَبِير	grande
قَصُرَ	essere corto, breve	قَصِير	corto

Naturalmente, *all'inizio ti consiglio di memorizzare gli aggettivi così come li trovi*, ma è bene che cominci a familiarizzare con il concetto di radicali e di stampi.

9.3. Esercitati!

In questo esercizio, dovrai abbinare l'aggettivo al sostantivo!

A	أَللَّطِيفة	أَلدَّرْس	1
B	لُبْنانِيّونَ	أَلبِنْت	2
C	أَلصَّعْب	مَكتَب	3
D	قَصِيرانِ	مُوَظَّفونَ	4
E	كَبِير	كِتابانِ	5

Parole nuove:

 = "difficile"

9.4. Soluzione

SOLUZIONE	TRASLIT.	TRADUZIONE
1-C	ad-dars aṣ-ṣa'b	La lezione (la) difficile
2-A	Al-bint al-laṭifa	La ragazza (la) gentile
3-E	Maktab kabīr	Ufficio grande
4-B	Muwaẓẓafuna libnaniyyuna	Impiegati libanesi
5-D	Kitāban qaṣīrani	Due libri brevi

I segreti svelati di questo capitolo

. L'accordo degli aggettivi con il sostantivo a cui si riferiscono, dipende dall' "**umanità**" (o meno) del sostantivo; tranne quando il sostantivo è duale.

. **Se il sostantivo è umano**: l'aggettivo si accorda in tutto e per tutto con il sostantivo a cui si riferisce: genere, numero, caso e soprattutto definitezza, ossia un aggettivo avrà l'articolo se il suo sostantivo ce l'ha.

. **Se il sostantivo NON è umano**: l'aggettivo si accorda solo in **definitezza e caso** del sostantivo a cui si riferisce: un plurale, anche se maschile, va sempre accordato al femminile.

10. UNA COSTRUZIONE UNICA

10.1. Una delle più grandi femministe del mondo arabo!

Certamente il binomio mondo arabo-femminismo non è tra i più comuni, ma oggi vorrei presentarti la **pioniera del femminismo nel mondo arabo**.

Hai avuto una lezione difficile ieri e oggi lo sarà altrettanto, quindi, qualche buona notizia ti solleverà e ti farà apprezzare maggiormente il mondo arabo (e le sue donne coraggiose).

Huda Sha'arawi è stata un'**attivista e femminista egiziana**, ricordata soprattutto per essersi tolta il velo, nel 1923. Ma questa giovane egiziana è stata anche la promotrice di altre iniziative importanti, destinate a cambiare il destino della donna.

Una giovane Huda Sha'arawi

Nel 1919 organizzò la più grande manifestazione femminile contro l'allora potenza che occupava l'Egitto, la Gran Bretagna, dimostrando l'attivismo e la coscienza politica delle donne.

Una delle prima manifestazioni femministe del mondo arabo

Nel biennio 1923-24 fondò l'**Unione Femminista Egiziana** e la prima scuola secondaria per sole ragazze. Fino ad allora, infatti, le bambine potevano andare a scuola solo fino alle elementari.

Fu anche promotrice di altre iniziative che ebbero meno successo, come la richiesta di vietare la poligamia, e la lotta contro la divisione della Palestina.

Huda Shaarawi è l'esempio di una donna coraggiosa ed ha certamente scosso le coscienze di parecchie donne in Egitto (e non solo), che la seguirono nelle sue numerose iniziative.

Si dice, ad esempio, che nell'arco di una decina d'anni da quando si tolse il velo (1923), poche erano le donne che andavano ancora in giro velate.

10.2. Cos'è lo "STATO COSTRUTTO"

In questo paragrafo, verrai a conoscenza di una delle costruzioni più particolari e uniche della lingua araba: lo *"Stato Costrutto"*.

Lo **"stato costrutto"** corrisponde al nostro **complemento di specificazione** e risponde, quindi, alla domanda: *di chi, di che cosa?*

Quando la preposizione "di" in italiano esprime possesso e appartenenza in arabo troveremo questa costruzione. Attenzione però, la preposizione italiana non si tradurrà con una preposizione araba.

I grammatici arabi hanno escogitato un altro procedimento: i due termini dello **stato costrutto**, ossia il **"ciò che è posseduto"** e **"il proprietario"**, sono scritti sempre uno di seguito all'altro e il primo, ossia il *"ciò che è posseduto"*, perde l'articolo.

Infine, per quanto riguarda i casi, il secondo termine, ossia "il proprietario", si troverà sempre in caso obliquo.

Il caso del primo termine, invece, dipenderà dalla sua normale funzione nella frase e può quindi essere nominativo, accusativo e obliquo.

Proviamo, ad esempio, a tradurre la frase:

"*Il libro dell'impiegato*".

Sono termini che dovresti ormai conoscere, quindi ti potrai concentrare sulla costruzione. Ti devi solo ricordare che il primo termine perde l'articolo ed il gioco è fatto.

Quando credi di aver capito come si traduce la frase, gira la pagina e controlla la soluzione.

Secondo termine	Primo termine
أَلْمُوَظَّفِ	كِتَابُ
al-muwaẓẓafi	kitābu

Quindi la corretta traduzione della frase è:

kitābu al-muwaẓẓafi.

10.3. Alcune regole: NOMI PROPRI E AGGETTIVI

Prima di cominciare a divertirti formando frasi, ti faccio notare alcune regole che devi rispettare per formare le frasi in maniera corretta e comprensibile.

1. Se il proprietario, ossia il secondo termine dello stato costrutto, è un nome proprio (nome di persona, paese), allora nemmeno il secondo termine avrà l'articolo.

Il nome è, infatti, già definito di per sé; non ha bisogno dell'articolo. Se ci pensi bene, avviene lo stesso in italiano: quando dici *"l'ufficio di Claudia"*, il nome non ha l'articolo.

2. Lo **stato costrutto** non può, per nessun motivo, essere separato, nemmeno da un aggettivo.

Quindi, se vuoi dire *"il grande ufficio di Claudia"*, l'aggettivo "grande" andrà dopo i due termini e avrà l'articolo.

Infatti, il primo termine è definito dal secondo e lo si considera definito, anche se non ha l'articolo.

Se ti ricordi le regole sull'aggettivo, saprai che l'aggettivo si accorda con il sostantivo a cui si riferisce in tutto: numero, caso, genere e definitezza.

Di seguito avrai gli esempi di entrambe le frasi sopra citate. Poi ti lascerò un po' di esercizi.

Prima frase: *L'ufficio di Claudia.*

Secondo termine	Primo termine
كلاوديا	مَكْتَبُ
Claudia	maktabu

Seconda frase: *Il grande ufficio di Claudia.*

Aggettivo	Secondo termine	Primo termine
ألْكَبيرُ	كلاوديا	مَكْتَبُ
al-kabīru	Claudia	maktabu

10.4. Mettiti alla prova!

Per cambiare un po' la modalità di esercizi, ora ti propongo di tradurre dall'arabo verso l'italiano.

1 ذَهَبَتْ بِنْتُ ألجارِ إلى ألمَكْتَبِ

2 مَكْتَبُ ألمُعَلِّمِ كَبيرٌ

مُعَلِّم (insegnante)

3 ذَهَبوا إلى سوقِ ألمَدينةِ

مَدينةٌ(mercato) سوقٍ (città)

4 دَرَسْنا دَرْسَ ألمُعَلِّمِ

10.5. Soluzioni

1. La figlia del vicino è andata al mercato.

2. L'ufficio dell'insegnante è grande.

3. Sono andati al mercato della città.

4. Abbiamo studiato la lezione dell'insegnante.

I segreti svelati di questo capitolo

. Lo **stato costrutto** traduce il nostro complemento di specificazione.

. Si tratta di uno stato formato da due termini: il primo perde l'articolo, sempre. Il secondo ha sempre l'articolo, a meno che, non sia un nome proprio.

. Questi due termini non possono mai essere separati: anche l'aggettivo che si riferisce al primo termine dello stato costrutto, deve essere messo dopo il secondo termine.

. L'aggettivo deve, inoltre, rispettare le regole di accordo descritte nel precedente capitolo.

11. GLI AGGETTIVI POSSESSIVI E NON SOLO!

Due coinquilini si incrociano a casa e scambiano due chiacchiere sulla loro giornata.

أ: مَرْحَباً! كَيْفَ حَالُكَ؟

A: Ciao! Come stai?

ب: أَنا بِخَيرٍ وَ أَنْتَ؟ . مَاذا عَمَلتَ اليَومَ؟

B: Bene e tu? Cosa hai fatto oggi?

أ: ذَهَبْتُ إلى أَنا بِخَيرٍ. ذَهَبْتُ إلى بَيْتِ جَدَّتي ثُمَّ البَحْرِ مَعَ جَطيبَتي وَ صَديقتِها. وَ أَنْتَ؟

A: bene! Sono andato a casa di mia nonna e poi, sono andato al mare con la mia ragazza e la sua amica. Tu?

ب: خَرَجْتُ مَعَ أَهْلي وَ أَكَلْنا في بَيْتِ جارِنا. رَجَعْتُ إلى البَيْتِ قَبْلَ قَليلٍ

B: sono uscito con la mia famiglia e abbiamo mangiato dal nostro vicino. Sono tornato a casa poco fa.

Traslitterazione e parole nuove:

a: MarHban. Kaīfa Hāluka?
b: anā bi khaīrin. Wa anta? Mādhā 'amalta al-yauma?
a: anā bi khaīrin. Dhahabtu ila baīti gaddati thumma dhahabtu ilā l baHri ma'a khaṭībatī wa ṣadīqatiha. Wa anta?
b: kharagtu ma'a ahlī wa akalna fi baīti gārinā. Raga'tu ilā l baīti qabla qalīlin

كَيْفَ حَالُكَ	Come stai? (tu m.)	مَعَ	con
بِخَيْر	bene	خَطِيب	ragazzo
مَاذا	cosa (nelle domande)	خَرَجَ	uscire
عَمَلَ	fare	أَهْل	famiglia
جَدّ	nonno	أَكَلَ	mangiare
ثُمَّ	poi	جَار	vicino

11.1. Davvero è così facile? Non proprio!

Oggi imparerai come esprimere il **possesso** in arabo, ossia "il mio", "il tuo", ecc.

Vedrai che, dopo averne capito il meccanismo, le regole sono molto semplici.

Prima di tutto, **in arabo si usa sempre la stessa particella per esprimere l'aggettivo possessivo** e non si declina, quindi, come avviene in italiano con i vari " mia" "miei".

Ci sono però alcune difficoltà:

. La prima riguarda la posizione di tale particella: la suddetta particella, infatti, si attacca alla fine del sostantivo ed *insieme diventano un'unica parola*.

. La seconda riguarda la relazione della particella con l'articolo del sostantivo, in quanto, anch'essa fa perdere al sostantivo il suo articolo; quest'ultimo deve essere considerato, come avrai ben capito, il primo termine di uno *stato costrutto*.

Es. Il mio libro (traduzione letterale: libro mio/libro di-me)

. La terza riguarda la sua relazione con lo *stato costrutto*, in quanto, quando il nuovo termine (formato dal sostantivo più la particella che esprime l'aggettivo possessivo), è il secondo termine di uno stato costrutto, il primo sostantivo perde l'articolo.

Es. Il libro (primo termine) del mio vicino (secondo termine) (traduzione letterale: libro vicino mio/di-me)

. La quarta riguarda la loro relazione con i diversi casi: **le particelle, poste alle fine del sostantivo, sono invariabili**: il caso si esplicita sulla consonante precedente.

11.2. Le particelle che esprimono i nostri aggettivi possessivi

Pronome	Particella che esprime il corrispondente agg. possessivo.	Traslitterazione
أنَا	ي	ī
أنْتَ	كَ	ka
أنْتِ	كِ	ki
هُوَ	* هُ - هِ	hu-hi
هِيَ	ها	ha
هُمَا	هُمَا	humā
نَحْنُ	نا	nā
أنْتُمْ	كُمْ	kum
أنْتُنَّ	كُنَّ	kunna
أنْتُمَا	كُمَا	kumā
هُمْ	* هُمْ - هِمْ	hum-him
هُنَّ	هُنَّ	hunna

* È solo questione di fonetica: se la vocale precedente la particella è una i si vocalizzerà "**hi**", altrimenti è sempre "**hu**".

11.3. Alcuni esempi

In questo paragrafo ti mostrerò un esempio per ogni "difficoltà" prima elencata. Poi, sarà il tuo turno.

1 e 2: Posizione della particella e caduta dell'articolo

In italiano	In arabo (caso nominativo)	Traslitterazione
Il tuo libro (m.)	كِتابُكَ	Kitābuka

3: L'aggettivo possessivo e lo stato costrutto

In italiano	In arabo (caso nominativo)	Traslitterazione
Il libro (primo termine) del tuo vicino(m.) (secondo termine)	كِتابُ جارِكَ	Kitābu gārika

4: L'aggettivo possessivo e i differenti casi

In arabo		In italiano
Nom.	La sua lezione è noiosa	دَرْسُها مُمِلٌّ darsuha mumillun
Acc.	Abbiamo studiato la tua lezione	دَرَسْنا دَرْسَكَ darasnā darsaka
Obl.	Sei andato a casa del tuo vicino	ذَهَبْتَ إلى بَيْتِ جارِكَ Dhahabta ila bayti gārika

11.4. E ora esercitati!

In questo esercizio dovrai semplicemente riempire gli spazi con il giusto "**aggettivo possessivo**", sottolineato nella frase in italiano.

1. La <u>loro</u> casa è bella.

1 بَيْتُ.... جَميلٌ

2. Sono andata nel <u>suo</u>(m.) ufficio.

2 ذَهَبْتُ إلى مَكْتَب ....

3. Siamo usciti con il <u>nostro</u> amico.

3 خَرَجْنا مَعَ صَديقٍ...

4. Loro due hanno capito la (<u>loro</u>) lezione.

4 فَهِما دَرْسَ......

11.5. Soluzioni e trascrizione

1. baytuhum gamīlun   هُمْ

2. dhahabtu ilā maktabihi   هِ

3. kharagna ma'a ṣadīqinā   نا

4. fahimā darsahumā   هُما

I segreti svelati di questo capitolo

. L'aggettivo possessivo è invariabile e non ha mai l'articolo.

. Il possessivo si scrive attaccato e alla fine del sostantivo.

. Le vocali brevi che rappresentano i casi si scrivono sulla consonante precedente l'aggettivo possessivo.

. Se il sostantivo determinato dall'aggettivo possessivo è il secondo termine di uno *stato costrutto*, quest'ultimo rimane come tale e, quindi, il primo termine perde il sostantivo. Pertanto, si avranno due termini attaccati senza articolo.

12. IL PRESENTE INDICATIVO

12.1. Perché gli appassionati di matematica lo ameranno

Per spiegare come si forma il presente (che, vedrai, è semplice e regolare), abbiamo bisogno di chiarire un concetto: **in arabo tutti i verbi hanno 3 radicali.**

Nella coniugazione di un verbo queste radicali non variano mai, come avrai notato nella coniugazione del passato.

Lo stesso concetto vale per il presente, ma qui la regola è un po' più complicata.

Per formare il Presente non basta aggiungere delle desinenze alla fine ma, a volte, bisogna aggiungere anche dei prefissi o, a seconda della persona, solo dei prefissi.

Per quanto riguarda la vocalizzazione, invece, devi tenere a mente le radicali del verbo:

. La **prima radicale** è sempre muta, cioè ha un **sukun**.

. La vocale della **seconda radicale** è specifica di ogni verbo ed è riportata nel vocabolario.

. La **terza radicale**, invece, dipende dalla persona (se ha, o meno, una desinenza), altrimenti è sempre **damma (u)**.

Esempio con il verbo **darasa**: la "d", la prima, è muta.

La seconda, la "r", è vocalizzata da una "u", perché così dice il vocabolario.

La terza, la "s", dipende dalla presenza o meno di una desinenza.

Forse ti sembrerà complicato, ma è molto semplice, perché è regolare: una volta capita la regola, potrai applicarla a tutti i **verbi trilitteri** e saprai coniugare un numero enorme di verbi. È solo questione di pazienza e allenamento.

Ora ti mostrerò i vari prefissi ed eventuali desinenze, proprie di ogni persona.

12.2. Prefissi e desinenze del presente indicativo

Pronome	Prefisso	Desinenza	Traslitterazione	
أنا	أَ		a	
أَنْتَ	تَ		ta	
أَنْتِ	تَ	ينَ	ta	īna
هُوَ	يَ		ya	
هِيَ	تَ		ta	
هُمَا (m)	يَ	انِ	ya	āni
هُمَا (f)	تَ	انِ	ta	āni
نَحْنُ	نَ		na	
أَنْتُمْ	تَ	ونَ	ta	ūna
أَنْتُنَّ	تَ	نَ	ta	na
أَنْتُمَا	تَ	انِ	ta	āni
هُمْ	يَ	ونَ	ya	ūna
هُنَّ	يَ	نَ	ya	na

N.B. Se la prima lettera della desinenza non è una vocale lunga, l'ultima radicale del verbo non viene vocalizzata; si mette un *sukun*.

Ora aggiungiamo il verbo "**darasa**", ricordandoci le regole precedentemente illustrate, e vediamo il risultato!

verbo	traslitterazione	traduzione
أَدْرُسُ	adrusu	Studio
تَدْرُسُ	tadrusu	Studi (m.)
تَدْرُسِينَ	tadrusīna	Studi (f.)
يَدْرُسُ	yadrusu	Studia (m.)
تَدْرُسُ	tadrusu	Studia (f.)
يَدْرُسَانِ	yadrusāni	Studiano (duale m.)
تَدْرُسَانِ	tadrusāni	Studiano (duale f.)
نَدْرُسُ	nadrusu	Studiamo
تَدْرُسُونَ	tadrusūna	Studiate (m.)
تَدْرُسْنَ	tadrusna	Studiate (f.)
تَدْرُسَانِ	tadrusāni	Studiate (duale)
يَدْرُسُونَ	yadrusūna	Studiano (m.)
يَدْرُسْنَ	yadrusna	Studiano (f.)

12.3. La regola è semplice, basta solo un po' di esercizio

In questo esercizio, ti chiederò solo di coniugare qualche verbo, che abbiamo già incontrato insieme al passato.

Ti scriverò l'unica vocale, per la quale dovresti controllare il vocabolario (quella della seconda radicale), accanto al verbo.

Buon esercizio!

1) tu esci (f.); 2) uscite (m.) 3) esce (f.)

1) capiamo; 2) capiscono (m.); 3) capisce (m.)

1) vado; 2) vai (m.); 3) vanno (duale m.)

12.4. Soluzioni

خَرَجَ ُ

1	تَخْرُجِينَ	2	تَخْرُجُونَ	3	تَخْرُجُ
1	takhrugīna	2	takhrugūna	3	takhrugu

فَهِمَ ِ

1	نَفْهَمُ	2	يَفْهَمُونَ	3	يَفْهَمُ
1	nafhamu	2	yafhamūna	3	yafhamu

ذَهَبَ َ

1	أَذْهَبُ	2	تَذْهَبُ	3	يَذْهَبَانِ
1	adhhabu	2	tadhhabu	3	yadhhabāni

I segreti svelati di questo capitolo

. In questo capitolo, avrai notato come tutte le parole in arabo, verbi o sostantivi che siano, girino attorno a tre radicali: <u>per formare il verbo al presente, ti basta aggiungere prefissi e/o desinenze a queste tre radicali.</u>

. Ricordati tre regole per formare il presente: la prima radicale è muta; la seconda varia in base al verbo; la terza in base alla persona.

. In ultimo, ricordati che queste regole sono fisse; puoi, ora, coniugare qualsiasi verbo trilittero.

13. IL VERBO AVERE: NON ESISTE?

13.1. Ecco alcune invenzioni dovute agli arabi

Dopo aver presentato un'importante e storica donna musulmana, vorrei parlarti dell'amore degli arabi verso la scienza: **molte scoperte sono dovute a grandi studiosi e scienziati del mondo arabo-islamico**, che hanno influenzato anche il mondo occidentale con le loro ricerche.

Le loro scoperte e invenzioni hanno lasciato un grande impatto in molti ambiti scientifici, come quello dell'astronomia, della medicina, della chimica e dell'ottica.

Le scienze moderne devono moltissimo all'antico mondo arabo

Nel mondo della **Medicina** possiamo citare **Abu al-Qasim al-Zahrawi** (latinizzato in *Abulcasis*), un chirurgo vissuto intorno al 1000, che compose una grandissima enciclopedia, nella quale ha descritto vari strumenti chirurgici di sua invenzione, come il *catgut*, un filo molto particolare usato per ricucire le ferite interne, che viene usato ancora oggi nelle sale operatorie.

Al-Zahrawi è ritenuto il padre della chirurgia moderna

Nel mondo della **Chimica** troviamo, invece, **Jabir ibn Hayyan** (latinizzato in *Geber*), filosofo, geografo e farmacista persiano, vissuto a cavallo tra l'VIII ed il IX secolo, a cui viene attribuita l'invenzione dell'**alambicco**, strumento principale della distillazione, e la scoperta dell'*acqua regia*, impiegata per intaccare e sciogliere metalli preziosi come l'oro e il platino. **È ritenuto il più grande alchimista del medioevo.**

Geber, uno dei padri della chimica moderna

Nel mondo dell'**Ottica**, non si può non citare **al-Haytham** (conosciuto anche come *Alhazen*), scienziato vissuto tra il X e XI secolo: senza di lui, invenzioni come il cinema e la fotografia, forse non sarebbero probabilmente state realizzate, in quanto, scoprì il principio della **camera oscura**. Pertanto, **Alhazen** è considerato l'iniziatore dell'ottica moderna.

Inoltre, ci sono anche altre invenzioni e scoperte che nascono dalla cultura e tradizione del mondo arabo in generale, per le quali non è possibile trovare un unico inventore.

Ad esempio, la scoperta delle proprietà della pianta del caffè, l'invenzione del sapone o del principio della penna a sfera. Tutte cose che usiamo ancora oggi, di cui dobbiamo ringraziare gli arabi.

È bene sapere, infatti, che tra l'VIII e il XIII secolo (cosiddetta *Epoca d'oro islamica*), **il mondo arabo divenne un centro intellettuale per la scienza, la filosofia, la medicina, l'astrologia, la matematica, l'alchimia e l'istruzione**, grazie al sostegno che la dinastia degli illuminati **califfi Abbàsidi**, profuse alla causa.

Essi istituirono la **Casa della Saggezza (Bayt al-Ḥikma)** a Baghdad, dove studiosi musulmani e appartenenti ad altre religioni, cercarono di tradurre e raccogliere tutta la conoscenza del mondo antico, in circa mezzo milione di volumi.

Grazie a questa preziosa istituzione, molte opere classiche dell'antichità, che altrimenti sarebbero andate perdute, vennero tradotte in arabo e persiano e poi, a loro volta, in turco, ebraico e latino.

Durante questo periodo il mondo arabo divenne un insieme di culture che riuscirono a sintetizzare la conoscenza acquisita dagli antichi romani, cinesi, indiani, persiani, egiziani, greci e bizantini.

È bene citare ancora:

. **Abu Bakr Zakariyya al-Razi** (854–925/935 circa), grande medico, al quale si deve l'identificazione del **vaiolo** e del **morbillo** e il riconoscimento della **febbre**, quale meccanismo di difesa del sistema immunitario;

. **Al-Battani** (850–922), che diede un contributo fondamentale all'**astronomia**, calcolando in maniera accurata la durata di un anno solare e contribuendo alla scrittura di tavole astronomiche (dette "zīj"), utilizzate per prevedere la posizione degli astri nel cielo;

. **Al-Khwarizmi** (VIII-IX secolo), matematico, geografo e astronomo, al quale si deve l'adozione del **sistema di numerazione arabo** e lo sviluppo dell'algebra;

. **Al-Nafis** (1213-1288), medico e chirurgo, spesso definito il *"padre della fisiologia circolatoria"*, poiché identificò per primo il **transito polmonare** del sangue, che ne permette la riossigenazione. Prima di lui, si pensava che il sangue filtrasse semplicemente attraverso i fori tra le camere del cuore e non passasse anche attraverso i polmoni.

Molti altri sapienti e scienziati islamici, di magnifico livello, meriterebbero almeno una menzione in questa sede ma, per mero dovere di sintesi, mi limiterò a questi.

13.2. Scopriamo come gli arabi riescono a vivere senza il verbo avere

In realtà, la soluzione è abbastanza semplice: per comprenderla, basta ricordarsi quali sono le particelle che svolgono la funzione di aggettivo possessivo (vedi Cap. 11).

Quando queste ultime sono precedute da una di queste preposizioni:

1) عِنْدَ

2) لَدَى

3) لَ / لِ

Le quali significano "**presso**" (le prime due) e "**a**" (l'ultima), si avrà l'equivalente del nostro verbo avere.

Ad esempio, se vorrai dire *"Lui ha un libro"*, dirai:

عِنْدَهُ كِتاب

Detto ciò, prima di saper esprimere il **verbo AVERE** in modo perfetto, bisogna fare attenzione a tre punti che riguardano: **fonetica, analisi logica e modo per esprimere l'età**.

Per quanto riguarda la FONETICA

1. La preposizione ل può avere due vocalizzazioni:

. Se è seguita da una particella si vocalizza con la **fatha/a**;
. Se è seguita da un sostantivo si vocalizza con la **kasra/i**.

2. Ricordati che la " ī " di possesso, prevale sempre sull'ultima semivocale di una preposizione o sostantivo.

Quindi, non si dirà عِنْدَي ma

3. Dall'incontro tra la " ي " e la " ī " si avrà una **ya** con la **shadda** vocalizzata con la **fatha/a**.

Quindi, ad esempio, la seconda preposizione, unita alla " ī " di possesso si leggerà

Per quanto riguarda l'ANALISI LOGICA

<u>Ciò che in italiano è il complemento oggetto</u>, ossia l'oggetto posseduto, <u>in arabo diventa soggetto</u> e, quindi, la frase sopracitata dovrà leggersi:

$$عِنْدَهُ كِتابٌ$$

In quanto, letteralmente, significa *"presso di lui c'è un libro"*: il libro è, quindi, il soggetto della frase e, pertanto, il suo caso è quello del nominativo.

Mentre, quello che in italiano è il soggetto, in arabo deve essere trattato come un caso obliquo, in quanto preceduto da una preposizione.

Quindi, la frase: *"il libro ha una bella copertina"*, sarà vocalizzata nel seguente modo:

$$عِنْدَ الكِتابِ غِلافٌ جَميلٌ$$

Per quanto riguarda l'ETÀ

L'età in arabo non si esprime tramite una di queste preposizioni, ma attraverso il sostantivo "عُمْر" che significa "vita, età".

Quindi, " lui ha…" si dirà…

$$عُمْرُهُ$$

Che letteralmente, come ormai saprai, significa "la sua vita è…".

13.3. Un po' di Preposizioni utili (II parte)

Con questa seconda tabella di preposizioni, ne vedremo altre molto utili; quelle che terminano con la *alif maqsura* " ى " si comporteranno come لَدَى quando incontrano la particella " ī ".

Prep.	Traslit.	Traduzione
عَلى	'alā	Su, sopra
وَراءَ	warā'a	dietro
بَيْنَ	baīna	fra
مِنْ	min	da / di
إلى	ilā	verso

13.4. Divertiti ed applica quanto letto!

Sono poche frasi quelle che ti riporto, quindi cerca di tradurle senza guardare il vocabolario!

1. Il professore ha due libri.

2. Davanti a me c'è un grande mercato.

3. Lei ha un cane grande e gentile.

4. Abbiamo studiato nella biblioteca della scuola.

13.5. Soluzioni

1 لِلمُعَلِّمِ كِتابانِ

2 أمامي سوقٌ كبيرٌ

3 لَها كَلبٌ كبيرٌ وَ لَطيفٌ

4 دَرَسْنا في مَكْتَبَةِ المَدْرَسةِ

I segreti svelati di questo capitolo

. In arabo, il possesso si esprime tramite preposizioni e non con un verbo: alle preposizioni si deve aggiungere la particella che esprime l'aggettivo possessivo.

. La particella che esprime l'aggettivo possessivo della prima persona singolare, annulla l'ultima semivocale o vocale lunga: il suono della ī prevale sempre.

. La maggior parte delle preposizioni di tempo e luogo, si vocalizzano con la fatha/a finale.

14. LA NEGAZIONE (Parte I)

14.1. Sunniti e Sciiti

La divisione tra sunniti e sciiti è sicuramente la più nota del mondo musulmano. Ma su cosa si basa questa divergenza? Qual è il loro rapporto?

I sunniti rappresentano la corrente maggioritaria dell'islam, poiché l'85% dei musulmani appartiene a questa corrente, mentre solo il 15% restante è sciita. Questi ultimi non sono sparsi ovunque nel mondo musulmano, ma si concentrano principalmente in Iran, Iraq e Libano.

La divergenza tra i due gruppi, nasce subito dopo la morte di **Maometto**, nel 632, ed ha come problema centrale quello della sua successione: i sunniti appoggiarono la tesi secondo la quale il successore doveva essere **Abu Bakr**, uno dei più fidi compagni del profeta, nonché suo suocero; gli sciiti designarono come nuova guida ʿ**Alī**, genero e cugino del profeta. I musulmani, allora, si divisero e gli sciiti si ritrovarono sempre in minoranza, in governi guidati da sunniti, fino al 1501, quando la dinastia Safavide prese il potere nell'attuale Iran.

Da allora e soprattutto dalla rivoluzione islamica, in Iran nel questioni religiose e questioni politiche si sono intrecciate sempre di più a favore delle seconde.

Bisogna ricordare che le due fazioni hanno in comune moltissime credenze e pratiche, come i **cinque pilastri**.

Maometto (570-632), fondatore e profeta dell'islam

Una delle principali differenze, risiede nella figura dell'**imam**. Secondo i sunniti, questi avrebbe un ruolo molto più limitato, in quanto, deve guidare la preghiera e commentare il **Corano**; mentre, secondo gli sciiti, solo l'imam può guidare la comunità, sia spiritualmente che politicamente.

14.2. La negazione del Presente

In questo capitolo cominceremo ad affrontare un argomento abbastanza complicato, la negazione, ma andremo per gradi e cominceremo con i due tipi di negazione più semplici: quella del verbo al presente, seguita da quella del "verbo" avere.

Nei capitoli successivi ci occuperemo della negazione del verbo essere e del verbo al passato.

"*Yalla*", iniziamo con il primo tipo di negazione.

Per la negazione del verbo al presente, basta mettere davanti al verbo coniugato la particella "لا", ossia "non".
Si leggerà quindi "lā".

È molto semplice e qui di seguito, ti mostrerò un paio di esempi. Fai solo attenzione alle regole del verbo in arabo: si anticipa al soggetto ed è sempre singolare se il soggetto è esplicito.

Es: Dario <u>non capisce</u> la lezione dell'insegnante:

داريو دَرْسَ ٱلْمُعَلِّمِ <u>لا يَفْهَمُ</u>

Lā yafhamu Dariu darsa al mu'allimi.

Aggiungiamo anche una nuova regola: se il verbo è stato già esplicitato e nella frase c'è un secondo verbo che si riferisce allo stesso soggetto, allora si deve coniugare con la persona anche in numero, non solo in genere.

Es: Gli studenti <u>non vanno</u> a scuola e <u>tornano</u> a casa.

لَا يَذْهَبُ الطُّلَّابُ إلى المَدْرَسةِ وَ يَرْجِعونَ إلى البَيْتِ

Lā yadhabu aṭ-ṭullabu ilā l madrasati wa yarga'una ilā l bayti.

14.3. La negazione del verbo Avere

Il primo tipo era facile, no? Ora devi prestare un po' più di attenzione e immagino che saprai già il perché.

Se, infatti, non esiste il verbo avere in arabo, come possiamo negarlo? Bella domanda, ma la risposta c'è, tranquillo.

Per rispondere a questa domanda, ti presenterò, in modo incompleto (per ora), un verbo abbastanza particolare: **il verbo che nega il verbo essere**.
E sì, hai capito bene: in arabo esiste un verbo che, coniugato, vuol dire *"io non sono"*, *"tu non sei"*, ecc.

Per negare il verbo avere, comunque, ti basterà sapere le forme della terza persona singolare di tale verbo.
Ora scoprirai perché. Prima, però, vediamo queste forme e poi facciamo un paio di esempi.

Di seguito, troverai la tabella: se hai domande, dubbi e quant'altro per il momento, lasciali da parte e concentrati sulla memorizzazione di queste due forme; nei capitoli successivi, avrai le risposte alle tue osservazioni, promesso.

Verbo	Traslitterazione	Traduzione
لَيْسَ	laysa	Non è/non c'è (m.)
لَيْسَتْ	laysat	Non è/non c'è (f.)

Es: *(lui) non ha una casa.*

لَيْسَ لَهُ / عِنْدَهُ بَيْتٌ

Per comprendere come si è arrivati a questa traduzione, bisogna riflettere un attimo sulla sua traduzione letterale: ossia, *non è a lui una casa*, con la prima preposizione, oppure *non c'è presso di lui una casa*, con la seconda preposizione.

Per negare la frase abbiamo usato **laysa** لَيْسَ

in quanto, il soggetto è maschile e singolare, ossia la casa.

Quindi, l'accordo di لَيْسَ dipende dal soggetto della frase, quello che in italiano corrisponde al nostro complemento oggetto, e non dalla persona. Chiariremo il concetto con altri due esempi.

Se volessi dire "*tu (m.) non hai una casa*", cambierebbe solo la particella che indica l'aggettivo possessivo e nient'altro, in quanto, la traduzione letterale è " *non è a te una macchina/ non c'è presso di te una macchina*".

$$ بَيْتٌ عِنْدَكَ / لَيْسَ لَكَ $$

Mentre, se volessi dire " *tu non hai una macchina*", cambierebbe solo l'accordo di لَيْسَ in quanto, la parola "macchina", سيَّارة, in arabo è femminile, il cui simbolo, come ricorderai è la **ta marbuta**.

La traduzione letterale sarebbe, infatti: "*non è a te una macchina/ non c'è presso di te una macchina*".

$$ لَكَ / عِنْدَكَ سَيَّارَةٌ لَيْسَتْ $$

14.4. Prendi carta a penna, ora tocca a te!

Plurale o singolare? come devo coniugare لَيْسَ؟

Qual è la particella giusta? In questo esercizio ti chiederò di completare gli spazi bianchi.

Conta fino a 10 prima di completare; ci vuole un po' di attenzione.

Piccolo suggerimento: copia le frasi su un foglio a parte; così potrai rifare l'esercizio tra alcuni giorni e potrai vedere le differenze!

1 Lei non ha un cane (كَلْب)

لَيْسَ لَ ... كَلْبٌ

2 Non abbiamo lezione oggi (اليَوْمَ)

... عِنْدَنا دَرْسٌ اليَوْم

3 Non hanno i libri di storia (تاريخ)

... كُتُبُ ألتاريخِ ... لَ

4 Le studentesse non vanno a scuola e tornano a casa

لا ... الطالباتُ إلى المَدْرسةِ وَ ... إلى البَيتِ

14.5. Soluzioni

1 لَيْسَ لَهَا كَلْبٌ

2 لَيْسَ عِنْدَنا دَرْسٌ اليَوْمَ

3 لَيْسَتْ لَهُم كُتُبُ ألتاريخِ

4 لا تَذهبُ الطالِباتُ إلى المَدْرسةِ و يَرْجَعْنَ إلى البَيتِ

I segreti svelati di questo capitolo

. Il presente si nega anteponendo al verbo la particella "**lā**".

. Il "verbo" avere si nega usando "**laysa**" o "**laysat**", a seconda del soggetto della frase, il quale corrisponde al compl. oggetto in italiano.

. Il verbo, se segue il soggetto già esplicitato nella frase e si riferisce allo stesso soggetto, va coniugato in tutto e per tutto con il soggetto a cui si riferisce

15. COME ARRICCHIRE LA COMUNICAZIONE CON POCHISSIME REGOLE

In questo breve testo, troverai la descrizione di **Jerash**, un bellissimo sito archeologico, da scoprire assolutamente!

جِرَش مَدينةٌ قَديمةٌ و رومانيَّةٌ في شَمالِ الأُرْدُنِ.

Jerash è un'antica città greca e romana nel nord della Giordania.

اِسْمُها الثاني " بُومبي الشَّرْقيُّ "وَ في المَوْقِعِ الأَثاري الكَبيرِ مَسارِحُ وَ أَقْواسٌ وَ مَعَابِدُ

Il suo secondo nome è "Pompei d'oriente" e nel grande sito archeologico ci sono teatri, archi e templi.

هَدَمَتْ المَدينةَ زَلازِلُ قويَّةٌ وَ كَشَفَها عُلَماءُ الأثارِ في القَرْنِ الماضي.

Forti terremoti distrussero la città e la riscoprirono gli archeologi il secolo scorso.

اليَومَ لِلمَديةِ مِهْرَجانُ المُسيقى في الصَّيفِ.

Oggi la città ha anche il festival della musica durante l'estate.

Traslitterazione e parole nuove

Gerash madīnatun qadīmatun wa rūmāniyyatun fī shamāli al urduni. Ismuhā al-thānī " Bumbei al sharqiyyu" wa fī l maūqi'i l athāri l kabīri masāhariHun wa ma'ābidu.

Hadamat al madīnata zalāzilu qawyya wa kashafahā 'ulamāu'u l 'athāri fi l qarni al mādī.

Al yauma lil madīnati mihragānu al musīqa fi ṣ-ṣaīfi

قَدِيم	antico	مَسَارِحْ	teatri
شَمَال	nord	مَعَابِدُ	templi
الأَرْدُن	Giordania	زَلازِلُ	terremoti
الثَانِي	il secondo	قَوِي	forte
مَوْقِع	sito	عُلَمَاءُ	scienziati/sapienti
أثَارِي	archeologico	مِهْرَجَانُ	festival

15.1. Le due particelle del Futuro

In questo capitolo, gli argomenti affrontati saranno molto più semplici ma farai comunque grandi passi in avanti nella comunicazione; **saprai esprimerti al futuro e saprai formare della frasi con i complementi.**

Non male per qualcuno che, solo quindici giorni fa, non conosceva nemmeno l'alfabeto arabo, no?

Per formare il futuro basta anteporre al verbo coniugato al presente una di queste due particelle:

Quindi, se volessi dire *"studieremo in biblioteca"*, scriverò semplicemente:

1 سَنَدْرُسُ في المَكْتَبةِ

2 سَوْفَ نَدْرُسُ في المَكْتَبةِ

Ricordati questa regola importante:

Qualsiasi parola, sostantivo, preposizione o congiunzione, <u>formata da una sola lettera</u>, **si deve scrivere attaccata a quella successiva; non si scrive mai ISOLATA.**

Quindi, il "**sa**" del futuro si scriverà attaccato al verbo della frase.

15.2. I Pronomi Complemento

Anche in questo caso, la regola per formare i pronomi è abbastanza semplice:
per formarli si usano le particelle che esprimono l'aggettivo possessivo (incontrate precedentemente).

15.2.1. I pronomi Complemento Oggetto

Prima di fare un esempio è bene sapere una paio di informazioni sui pronomi compl. oggetto: la loro posizione all'interno della frase e i cambiamenti che avvengono quando il verbo e le particelle si incontrano.

Ricordati, infatti, che **il pronome complemento oggetto non è presente in una frase se non accompagnato da un verbo.**

Fai attenzione e alla loro posizione:
Contrariamente all'italiano, **i pronomi in arabo si trovano sempre DOPO il verbo e si scrivono attaccati al verbo,** in quanto, tali particelle non si scrivono mai isolate.

Inoltre, vale la pena ricordare che: **Per accordarli vale la stessa regola degli aggettivi e i verbi: per sostituire un plurale non "umano" si deve usare quello corrispondente alla terza persona singolare femminile.**

1. Claudia scrive un libro e lo pubblica (نَشَرَ).

Claudia scrive un libro e lo pubblica
تَكْتُبُ كلاوديا كِتاباً وَ تَنْشُرُهُ
Taktubu Claudia kitāban wa tanshuruhu

2. Lo studente ha studiato le lezioni (دُرُوس) e le ha capite.

Lo studente ha studiato le lezioni e le ha capite.
دَرَسَ الطَّالِبُ اللدُّروسَ وَ فَهِمَها
Darasa aṭ-ṭālibu ad-durūsa wa fahimaha

Cambiamenti

L'incontro tra le particelle e i verbi, a volte provocano cambiamenti in una delle due componenti della frase: la *ī* della prima persona, diventa *ni* per motivi legati alla fonetica.

La *alif* della terza persona plurale del passato (che si scrive ma non si pronuncia!), se seguita da un pronome, sparisce dalla scrittura.

15.2.2. I Pronomi Complemento Indiretto

La posizione di questi pronomi all'interno della frase è la stessa che questi ultimi hanno in italiano, ossia dopo una preposizione. Ma visto che queste particelle non possono mai essere scritte in modo isolato, vanno scritte attaccate alla preposizione.

Inoltre, a volte, l'incontro tra le particelle e le preposizioni, danno luogo ad un cambiamento:

. Lo abbiamo già visto con la preposizione *li* che diventa *la* quando incontra una particella.

. Le preposizioni che terminano con una *alif maqsura* (ى) subiscono un cambiamento: la *alif* diventa *ī*.

Presta attenzione all'esempio che segue:.

Il cane corre (رَكَضَ) verso (إلى) di te.

Il cane corre verso di te! (m.)
يَرْكُضُ الكَلْبُ إلَيْكَ
YarkuDu al-kalbu ilaika!

15.3. Esercitati anche oggi

Collega il sostantivo al suo pronome adatto!

1	الطُّلَّاب	لَكَ	a
2	الكُتُب	كُمْ	b
3	أَنْتِ	هُنَّ	c
4	البَنات	هُمْ	d
5	أَنْتُمْ	ها	e

15.4. Soluzioni

1, d
2, e
3, a
4, c
5, b

I segreti svelati di questo capitolo

. Il futuro si forma anteponendo al verbo presente solo una particella.

. I pronomi complemento si esprimono con le stesse particelle che si usano per formare l'aggettivo possessivo.

. Il pronome complemento oggetto ha una posizione diversa rispetto alla posizione che ha nella struttura italiana.

. L'incontro tra le particelle e i verbi o le preposizioni, può dare luogo a cambiamenti in una delle due componenti della frase.

16. LA NEGAZIONE (Parte II)

Dopo aver ripassato le particelle che esprimono l'aggettivo possessivo e aver scoperto, soprattutto, che non ricoprono solo questo ruolo all'interno della frase, torniamo indietro e completiamo la negazione.

Oggi, affronteremo due tipi di negazione: quella del passato e quella del verbo essere, che abbiamo già intravisto.

16.1. La negazione del Passato

Il "**non**" del passato si traduce in modo molto semplice: si deve anteporre al verbo coniugato la particella

Quindi, per dire "*non ho capito*", basta dire:

$$ما فَهِمْتُ$$

16.2. La negazione della frase nominale e le sue due particolarità: i Radicali e il Predicato

Ora, invece, passiamo ad un tipo di negazione un po' più complicata, quella della **frase nominale**.

Abbiamo già incontrato le terze persone singolari di questo verbo, con *"laīsa"* e *"laīsat"*.

Di seguito, sarà riportata la coniugazione di questo verbo per intero.

Prima di memorizzare tutte le persone, devi fare attenzione ad un particolare: anche se esprime la negazione di un verbo presente, in realtà, la sua formazione rispecchia un verbo al passato, ossia, le sue desinenze sono quelle che hai dovuto imparare per coniugare un verbo al passato.

Verbo	Traslitterazione	Traduzione
لَسْتُ	Lastu	Non sono
لَسْتَ	Lasta	Non sei (m.)
لَسْتِ	Lasti	Non sei (f.)
لَيْسَ	Laīsa	Non è (m.)
لَيْسَتْ	Laīsat	Non è (f.)
لَيْسَا	Laīsā	Non sono (duale m.)
لَيْسَتَا	Laīsatā	Non sono (duale f.)
لَسْنَا	Lasnā	Non siamo
لَسْتُمْ	Lastum	Non siete
لَسْتُنَّ	Lastunna	Non siete (f.)
لَسْتُمَا	Lastumā	Non siete (duale)
لَيْسُوا	Laīsū	Non sono (m.)
لَسْنَ	Lasna	Non sono (f.)

La prima particolarità del verbo, risiede nel fatto che ci sono due radicali; esso cambia in base alla vocalizzazione (o meno) della desinenza delle persone al passato:

. *"laīs"* va usato per le persone le cui desinenze del passato sono o una **vocale lunga** o un **sukun**.

. *"las"* deve essere usato per le persone le cui desinenze del passato sono vocalizzate solo da una **vocale breve**.

L'altra particolarità riguarda il suo predicato: esso, infatti, va al caso accusativo e non nominativo, come una frase nominale affermativa.

Fai attenzione, quindi, a ricordare qual è l'accusativo del plurale maschile, del duale e del femminile e quali sono le regole degli aggettivi.

Per quanto riguarda il resto, *"laīsa"* segue le stesse regole di un verbo "normale", ossia: **deve essere scritto prima del soggetto**, il quale rimane al caso nominativo, ed è singolare quando si trova prima del soggetto "esplicitato", plurale o duale che sia.

Di seguito troverai alcuni esempi. Tranquillo, è solo questione di abitudine e ti adatterai velocemente all'uso di questo verbo, molto utile e diffuso.

1. Il ragazzo (شابّ) non è gentile

لَيْسَ الشَّابُّ لَطيفاً

2. I professori non sono severi. (Severo: صارِم)

لَيْسَ المُعَلِّمونَ صارِمينَ

Ricordati, quindi, che in quest'ultimo esempio, la desinenza "īna", posta dopo l'aggettivo "ṣarim", è la desinenza del plurale maschile in caso accusativo.

16.3. Provaci tu adesso ed esercitati

Ora ti proporrò un po' di traduzione dall'arabo all'italiano, visto che sono trascorsi alcuni giorni dall'ultima volta. Attento alle desinenze!

1! لَسْتِ كَبيرةً

2 لَسْنا طُلّاباً

3 لَيْسَتْ البناتُ صارماتٍ

4 ما فَهِمَ داريو الدَّرْسَ وَ أَنْتَ؟

16.4. Soluzione e trascrizione

1. Non sei grande! (tu f.)

Lasti kabīratan

2. Non siamo studenti;

Lasnā ṭullaban

3. Le ragazze non sono severe;

Laisat al-banātu ṣārimātin

4. Dario non ha capito la lezione, e tu?

Mā fahima Dario ad-darsa wa anta?

I segreti svelati di questo capitolo

. Il passato si nega semplicemente anteponendo al verbo la particella *"mā"*.

. La costruzione del verbo *"laīsa"*, che serve a tradurre la negazione del verbo essere, ha due particolarità: le sue desinenze sono quelle del passato e ha due radicali a seconda della vocalizzazione (o meno) di ogni desinenza.

. Il predicato del verbo *"laīsa"* va all'accusativo.

17. IL MASDAR

17.1. Ti meriti un po' di riposo: rilassati scoprendo come si svolge il matrimonio islamico (nikah)

Il matrimonio presso i musulmani si svolge in due momenti separati: la parte della stesura del contratto e la parte dei festeggiamenti con i parenti e gli amici.

La prima parte è quella in cui i due coniugi si sposano e firmano il **contratto di matrimonio** davanti a due testimoni, musulmani maschi, di cui uno è tradizionalmente il padre della sposa.

Il momento della firma da parte della sposa

Il luogo della firma del contratto è variabile e può essere la moschea, la futura casa degli sposi o la casa dei loro genitori.

Nell'islam, infatti, **non è un sacramento come nel cristianesimo, ma un contratto**, che viene stipulato **tra il marito e il tutore della sposa**. La figura del tutore non è sempre indispensabile e ciò si deve al fatto che nell'islam ci sono varie scuole di pensiero.

La tradizionale decorazione all'henné delle mani della sposa

Sicuramente, invece, il matrimonio può avvenire tra due musulmani o tra una non musulmana e un musulmano, a patto che i figli siano poi educati secondo i principi della legge islamica.

Una donna musulmana non può sposare un non musulmano, a meno che il futuro sposo non si converta prima.

Sempre durante la firma del contratto viene riconosciuta una dote che il marito deve alla moglie, di cui lei potrà godere in totale libertà.

La seconda fase, quella dei festeggiamenti, è molto caratteristica: gli sposi indossano abiti tradizionali, si danza, si canta e si mangiano cibi tipici.

Abiti tipici da sposi islamici

Solitamente, comunque, i festeggiamenti durano più giorni e le donne e gli uomini festeggiano in sale separate.

17.2. Il Masdar: Come si usa? Quando si usa? Verbo o Sostantivo?

Oggi scopriremo una parola abbastanza particolare, il **masdar**, il quale è in grado di tradurre, nella nostra lingua, sia un verbo, che un sostantivo.

A seconda del contesto, infatti, in italiano si può rendere in entrambi i modi e ciò facilita molto la nostra comunicazione: tramite la memorizzazione di una sola parola, siamo in grado di fare parecchie costruzioni.

Il *masdar* può, infatti, tradurre: un sostantivo o un infinito in italiano. Può anche tradurre un congiuntivo, ma questo lo vedremo più avanti.

A volte, mentre si traduce, non è facile fare la distinzione tra verbo o sostantivo, ma il senso della frase, come vedrai, non cambia molto.

Ma in arabo, cos'è il masdar?

Il masdar, in arabo, è un sostantivo che indica un'azione, quindi, segue sia le regole dei verbi, che quelle dei sostantivi:

. Come tutti i sostantivi, deve sottostare alle regole dei casi e potrà, quindi, essere un nominativo, un accusativo o un caso obliquo.

. Come tutti i sostantivi, <u>può avere un verbo</u> il quale deve essere accordato al *masdar* per genere e numero; essendo un sostantivo, il *masdar* può essere sia maschile che femminile.

. Poiché indica un'azione, ossia un verbo, <u>può indicare un'azione transitiva</u>, la quale, per essere completa, deve avere un complemento oggetto.

. Contrariamente agli altri sostantivi, <u>deve essere sempre determinato</u>: o tramite l'articolo o tramite lo stato costrutto.

Si ricorre allo **stato costrutto** se il masdar in questione, indica un'azione transitiva, ossia regge un complemento oggetto ed il complemento oggetto è presente nella frase.

Di seguito faremo due esempi con il masdar: nel primo il sostantivo è determinato tramite l'articolo; nel secondo è determinato tramite lo stato costrutto, in quanto il masdar scelto indica un'azione transitiva.

Verrà scelto il masdar "دِراسَة" *(dirāsa)* che in arabo indica l'atto dello studiare, lo studio.

In entrambi i casi, il masdar verrà tradotto con un infinito.

1. <u>Studiare</u> è una cosa (شَيْءٌ) difficile.

Studiare è una cosa difficile
اَلدِّراسَةُ شَيْءٌ صَعْبٌ
Ad-dirāsatu shay'un ṣa'bun

2. <u>Studiare algebra</u> è una cosa difficile.

Studiare algebra è una cosa difficile
دِراسَةُ الجَبْرِ شَيْءٌ صَعْبٌ
Dirāsatu al-gabri shay'un ṣa'bun

17.3. Come si ottiene e si trova il *masdar* (Parte I): impariamo ad usare il vocabolario con un trucchetto!

In questo paragrafo, vedremo come si ottiene il *masdar* e come si cerca il suo significato all'interno del vocabolario.

Prima, però, vorrei ricordarti che, fino ad ora, abbiamo analizzato solo i verbi con tre lettere; memorizzare il masdar non è così difficile, quando i verbi hanno più di tre radicali.

Per ricavare il *masdar*, infatti, bisogna prima cercare il verbo nel vocabolario e poi si deve leggere il sostantivo a fianco: il sostantivo in accusativo indeterminato corrisponderà al masdar che stiamo cercando.

Per i verbi composti da tre radicali, infatti, il masdar non ha regole fisse, ed ogni volta si dovrà ricorrere al vocabolario.

Per trovare il suo significato all'interno del vocabolario, bisogna esaminare il sostantivo che si ha davanti.

Come ti ho già spiegato, in arabo, quasi tutti i sostantivi hanno solo tre radicali.
Quindi, anche se c'è un maggior numero di lettere all'interno della parola, quelle eccedenti non sono radicali.

Inoltre, prima di cominciare la ricerca, bisogna sapere che <u>il vocabolario va in ordine alfabetico ma segue solo l'ordine alfabetico delle radicali</u>; le lettere eccedenti non devono essere calcolate nella ricerca di un sostantivo.

La domanda cruciale è: **come distinguere le radicali dalle lettere eccedenti?**

In arabo hanno inventato questa frase per memorizzare le lettere eccedenti:

انْتَ موسى (*ānta mūsā*)

Attenzione, non vuol dire che ogni volta che incrocerai queste lettere, vorrà dire che sono delle lettere eccedenti, ma la maggior parte della volte sarà così.

Prendiamo l'esempio del masdar di prima, "دِراسَة" : una volta eliminate la *alif* e la *ta marbuta*, che non è una lettera, ricordalo, ma solo il simbolo del femminile, ti rimarranno le tre radicali che indicano lo studio: **da, ra, sa**.

È, infatti, il masdar del verbo *"darasa"*.

17.4. Ed ora esercitati

L'esercizio sarà abbastanza semplice: ti scriverò alcuni masdar e tu dovrai cercare nel dizionario il verbo da cui provengono ed il loro significato.

All'inizio sarà molto noioso ma è così che si memorizzano le parole, fidati!

دُخُول	5	خُرُوج	1
ذَهاب	6	فَهْم	2
فَتْح	7	طَلَب	3
أَخْذ	8	حُدُوث	4

17.5. Soluzioni

	Radicali	Significato
1	خ ر ج	Uscire, l'atto di uscita
2	ف ه م	Capire, comprensione
3	ط ل ب	Chiedere, il domandare
4	ح د ث	Accadere
5	د خ ل	Entrare, l'atto dell'entrata
6	ذ ه ب	Andare
7	ف ت ح	Aprire, apertura
8	ء خ ذ	Prendere, presa

I segreti svelati di questo capitolo

. Il *masdar* è un sostantivo che indica un'azione.

. Il *masdar* segue le regole dei sostantivi ma riguardo la sua determinazione si deve fare attenzione al suo valore verbale: è transitivo o no? C'è il complemento oggetto nella frase?

. Usare il vocabolario non è semplice e richiede un po' di pazienza: distinguere tra radicali e lettere eccedenti non è sempre intuitivo.

18. أَنَّ E ALTRE PARTICELLE UTILISSIME!

18.1. Le più importanti feste musulmane

Principalmente, sono solo due le feste osservate da chi pratica questa religione: la **festa dell'Interruzione** (del digiuno) e la **festa del Sacrificio**.

Id al-fitr, عيد الفِطر , è la *festa dell'interruzione*: è detta anche "**Piccola Festa**", in quanto, i suoi festeggiamenti durano "solo" 3 giorni. Si celebra durante i primi tre giorni del mese di **Shawwāl**, ossia quello che segue il nono mese del calendario islamico, il mese di **RamaḌān** e celebra, quindi, la fine del lungo digiuno.

Ha inizio con una preghiera detta della festa (عيد) che si pratica la mattina presto e all'aperto, in grandi luoghi pubblici.

Tradizionalmente, durante questa festa, vicini e parenti si scambiano tra di loro molti dolci (che si preparano anche da una settimana prima) e si danno ai bambini dei soldi. Viene anche fatta un'elemosina apposita per questa festa.

Il ma'mul, tipico dolce delle feste islamiche

Id al-adha, عيد الأضحى, è, invece, la *festa del sacrificio*, detta anche "**Grande Festa**", in quanto, i suoi festeggiamenti durano 4 giorni.

Si celebra a partire dal decimo giorno del mese di **dhū l-Higga**, il dodicesimo mese del calendario islamico.

La tradizione vuole che in questo giorno Dio comparve ad Abramo e gli ordinò di sacrificare un animale al posto del figlio. Per questo i musulmani, dopo aver effettuato la stessa preghiera di festa che si pratica per la *festa dell'interruzione* (del digiuno), praticano tuttora il sacrificio di un montone o di un agnello, la cui carne verrà poi distribuita anche tra i poveri.

Oltre a ciò, tradizionalmente, durante questi giorni di festa si viaggia e si va a trovare il resto della famiglia.

18.2. Quale potere hanno le particelle?

Prima di passare alla presentazione di tutte queste particelle, ti dirò come influenzano la frase e quali sono le regole a cui danno vita, dato che hanno tutte un impatto sulla frase, nominale o verbale che sia. Influenzano, infatti, la determinazione dei casi e l'ordine di una frase verbale.

Fai attenzione, quindi, perché dovrai nuovamente tenere d'occhio il soggetto e il predicato...

È l'ultima volta che dovrai farlo, promesso.

Hanno un impatto sulla determinazione dei casi, in quanto, queste particelle hanno il potere di mandare il soggetto in caso accusativo, mentre il predicato rimane al caso nominativo.

Hanno un impatto sulla struttura della frase, in quanto, esse non possono mai essere seguite da un verbo o da un predicato ma solo da un nome o un pronome, che faccia le veci del soggetto della frase.

Ci deve essere sempre un soggetto nella frase e se il soggetto è sottinteso, bisogna usare un pronome.

Non si userà il pronome soggetto ma quello che serve ad esprimere l'aggettivo possessivo o il pronome complemento oggetto.

Da qui devi dedurre da solo due regole:

. Il pronome si scriverà attaccato alla particella in questione, in quanto non può mai essere scritto isolato (dato che è composto da un'unica lettera).

. Poiché il soggetto o pronome deve essere scritto PRIMA del verbo, quest'ultimo dovrà essere accordato in tutto e per tutto con il suo soggetto, in quanto ora il soggetto è esplicito.

18.3. Presentazione delle particelle

Di seguito, ti mostrerò quali sono queste misteriose particelle che influenzano così tanto una frase e, ovviamente, la loro relativa traduzione.

Faremo anche un paio di esempi per mettere in pratica quanto appena descritto in teoria.

Particella	Traduzione	Traslitterazione
أنَّ	Che (non pronome relativo ma congiunzione)	Anna
بِما أنَّ	Dato che	Bimaanna
لِأنَّ	Perché (non pronome interrogativo)	Lianna
لَكِنَّ	Ma	Lakinna
لَعَلَّ	Forse	La'alla
إنَّ	Non traducibile, si mette solo ad inizio di una frase come rafforzativo	Inna

Come avrai notato, **sono quasi tutte particelle che esprimono CONGIUNZIONI molto utili** ed è ormai giunto il momento che tu possa usarle.

Vediamo ora insieme, **come influenzano una frase nominale e una frase verbale**, mettendo in evidenza il cambiamento che comportano.

Useremo, per entrambi gli esempi, la particella "*inna*"; cominceremo con la frase nominale per poi passare alla frase verbale.

Frase nominale senza "*inna*":

Il ragazzo è gentile
الشابُّ لطيفٌ
ash-shabbu laṭifun

Frase nominale con "*inna*":

(particella non traducibile) Il ragazzo è gentile
إنَّ الشابَّ لطيفٌ
inna ash-shabba laṭifun

Frase verbale senza *"inna"*:

Gli insegnanti vanno in città
يَذْهَبُ المُعَلِّمونَ إلى المَدينةِ
Yadhabu al-mu'allimuna ilā al-madīnati

Frase verbale con *"inna"*:

(particella non traducibile) Gli insegnanti vanno in città
إنَّ المُعَلِّمينَ يَذْهَبُونَ إلى المَدينةِ
Inna al-mu'allimīna yadhabūna ilā al-madīnati

18.4. Adesso esercitati

Torniamo a fare un po' di traduzione in arabo; è da un po' che non la pratichi.

1. Dato che gli studenti non hanno capito la lezione il professore la spiega (شَرَحَ) un'altra volta (مَرَّةً أُخْرى)

2. Piove (تَمْطِرُ) ma le (due) ragazze non hanno preso l'ombrello! (شَمْسِيَّة)

3. Non va al lavoro perché è malato (مَريض)

18.5. Soluzioni

1بِما أنَّ الطُّلَّابَ ما فَهِموا الدَّرْسَ يَشْرَحُهُ المُعَلِّمُ مَرَّةً أُخرى

2تَمْطِرُ وَ لَكِنَّ البِنْتَينِ ما أَخَذَتا الشَّمْسِيَّةَ

3لا يَذهَبُ إلى العَمَلِ لِأَنَّهُ مريضٌ

I segreti svelati di questo capitolo

. Le congiunzioni analizzate oggi hanno un impatto sia sulla frase nominale, che su quella verbale.

. Nella frase nominale, queste congiunzioni mandano il soggetto in caso accusativo, mentre il predicato rimane in caso nominativo.

. Nella frase verbale, queste congiunzioni "ordinano" che il soggetto vada prima del verbo, in quanto, non possono mai essere seguite da un verbo o predicato.

. Se il soggetto è sottinteso, bisogna capire qual è la persona del soggetto e scrivere, attaccato alla congiunzione, la relativa particella che svolge la funzione di complemento oggetto/ aggettivo possessivo.

19. SCOPRI IL PIU INTRIGANTE SEGRETO DELLA LINGUA ARABA (Parte I)

19.1. Cosa sono le forme e cosa esprimono

Oggi, te lo dico molto sinceramente, parleremo del mio argomento preferito e ho buona ragione di credere che diventerà anche il tuo.

Ricordo ancora molto bene il giorno in cui fu spiegata questa lezione all'università e la maggior parte degli studenti la ascoltava a bocca aperta.

Sicuramente, ti starai chiedendo, a cosa era dovuto tutto questo sbalordimento?

Ti ricordi il concetto delle tre famose radicali che compongono, praticamente, qualsiasi parola in arabo?

Partiamo di nuovo da lì. Oggi ti mostrerò come queste radicali, una volta che hanno "indossato" determinate forme/vestiti, possono dar luogo ad una grandissima quantità di verbi: queste forme hanno, infatti, un **valore verbale**.

Un'altra caratteristica comune a tutte queste forme, risiede nel fatto che hanno una o più lettere eccedenti; nessuna di loro è formata solamente da tre radicali.

19.2. II, III e IV forma: il Passato e il Presente

In questo paragrafo, affronteremo **le prime tre forme verbali**, in quanto, esse **hanno in comune la vocalizzazione del presente**.

Vediamo, subito, come e perché.

SECONDA FORMA

Questa forma ha **valore "causale"**, cioè quello di *"far fare a qualcuno qualcosa"*. Quindi, molte volte, basta conoscere il significato delle tre radicali iniziali e poi aggiungere a questo significato il valore causale.

Non ho capito, mi dirai. Facciamo un esempio per chiarire.

Prendiamo le tre radicali che indicano lo studio: da, ra, sa.
Poi aggiungiamo il tratto distintivo della seconda forma, ossia **la shadda** (la doppia) sulla seconda radicale.
Risultato? *Da, rra, sa.*

Aggiungiamo, infine, il valore causativo della forma:
far studiare a qualcuno qualcosa, ossia insegnare.
"Darrasa" vuol dire, infatti, "insegnare" e più precisamente "ha insegnato" (m.).

Avrai notato che **per formare il passato, basta aggiungere una shadda sulla seconda radicale della prima forma.**

"Ho insegnato" sarà, quindi, "*darrastu*"; abbiamo insegnato "*darrasnā*" e così via... .

Il **PRESENTE** è, invece, più complicato e la vocalizzazione interna cambia totalmente.

Il suono da rispettare dovrà essere: "**damma/ u**" sul prefisso che indica la persona, "**fatha/ a**" sulla prima radicale, "**kasra /i**" sulla seconda radicale (sempre con la **shadda**).

La vocalizzazione della terza radicale dipenderà, invece, dalla desinenza propria di ogni persona; se già c'è una desinenza si lascia quest'ultima, altrimenti si dovrà mettere una "**damma/ u**".

Come al solito, la teoria è più difficile della pratica: mostreremo come "*darrasa*" debba essere coniugato al presente, rispettando le regole appena elencate.

Verbo	Traduzione	Traslitterazione
أُدَرِّسُ	Insegno	udarrisu
تُدَرِّسِينَ تُدَرِّسُ	Insegni (m e f.)	tudarrisu tudarrisīna
تُدَرِّسُ يُدَرِّسُ	Insegna (m e f.)	yudarrisu tudarrisu
تُدَرِّسانِ يُدَرِّسانِ	Insegnano (loro due m e f.)	yudarrisāni tudarrisāni
نُدَرِّسُ	Insegniamo	nudarrisu
تُدَرِّسْنَ تُدَرِّسُونَ	Insegnate (m e f.)	tudarrisūna tudarrisna
تُدَرِّسانِ	Insegnate (voi due)	tudarrisāni
يُدَرِّسْنَ يُدَرِّسُونَ	Insegnano (m e f.)	yudarrisūna yudarrisna

TERZA FORMA

La terza forma, molto spesso, indica "far qualcosa con qualcuno", e il "qualcosa" è espresso dalle tre radicali iniziali.

Il tratto distintivo di questa forma è una *alif* tra la prima e la seconda radicale.

Prendiamo l'esempio di **'a, ma, la**; tre radicali che indicano il **lavoro**.

La prima forma, formata solo dalle tre radicali indica, infatti, "**lavorare**"; se aggiungiamo la *alif* tra la prima e la seconda radicale, facendo così diventare il verbo *'ā, ma, la*, il verbo significherà "**lavorare con qualcuno**" e più precisamente "**avere rapporti d'affari con qualcuno / commerciare con qualcuno**".

La parte difficile della terza forma, per noi italiani, è capire e ricordare che **non bisogna esplicitare la preposizione**: è già presente nel verbo stesso.

Come per la seconda forma, **il passato non subisce alcuna modificazione** e bisognerà, quindi, aggiungere le classiche desinenze, proprie di questo tempo.

Per il presente, invece, la vocalizzazione interna cambia ma segue lo stesso "ritmo" dalla seconda forma: sul prefisso andrà una "**damma/u**", sulla prima radicale una "**fatha/a**" e non potrebbe essere altrimenti, data la *alif* tra la prima e la seconda radicale; sulla seconda radicale andrà una "**kasra/i**" e sull'ultima andrà, invece, quella tipica di ogni persona o la "**damma/u**".

Quindi, le uniche differenze tra la seconda e la terza forma sono i loro tratti distintivi.

Di seguito avrai un esempio del presente della terza forma:

Verbo		Traduzione	Traslitterazione
	أُعَامِلُ	Commercio con	u'āmilu
تُعَامِلِينَ	تُعَامِلُ	Commerci con (m. e f.)	tu'āmilu tu'āmilīna
تُعَامِلُ	يُعَامِلُ	Commercia con (m. e f.)	yu'āmilu tu'āmilu
تُعَامِلَانِ	يُعَامِلَانِ	Commerciano con (loro due, m. e f.)	yu'āmilāni tu'āmilāni
	نُعَامِلُ	Commerciamo con	nu'āmilu
تُعَامِلْنَ	تُعَامِلُونَ	Commerciate con (m. e f.)	tu'āmilūna tu'āmilna
	تُعَامِلَانِ	Commerciate con (voi due)	tu'āmilāni
يُعَامِلْنَ	يُعَامِلُونَ	Commerciano con (m. e f.)	yu'āmilūna yu'āmilna

QUARTA FORMA

Con questa forma terminano le forme che al presente hanno il prefisso vocalizzato in "**damma/u**".

Il valore di questa forma è identico a quello della seconda, ossia ha un **valore causativo**. Troverai, quindi, il verbo o alla seconda o alla quarta forma.

Al passato ha due tratti distintivi:

. Prima delle tre radicali ha una "**hamza**" (supportata da una *alif*) vocalizzata con una "**fatha/a**".

. La prima radicale ha un "**sukun**".

Facciamo l'esempio con le radicali: **Ṣa, la, Ha**.
Sono tre radicali che indicano "**essere in ordine, in buono stato**".

Aggiungendo, quindi, il valore e i tratti distintivi della quarta forma, abbiamo come risultato il verbo **a, Ṣ, la, Ha**, che, per traslato, indica "**aggiustare qualcosa, riparare**".

Al presente, la **hamza** sparisce e la vocalizzazione interna segue questo ritmo: "**damma/u**" sul prefisso, "**sukun**" sulla prima radicale (come al passato), "**kasra/i**" sulla seconda radicale e sulla terza troviamo o la "**damma/u**" o la desinenza tipica di ogni persona.

Di seguito ti riporto l'esempio del verbo:

Verbo		Traduzione	Traslitterazione
	أُصْلِحُ	Riparo	uṣliHu
تُصْلِحِينَ	تُصْلِحُ	Ripari (m. e f.)	tuṣliHu tuṣlihīna
تُصْلِحُ	يُصْلِحُ	Ripara (m. e f.)	yuṣliHu tuṣliHu
تُصْلِحانِ	يُصْلِحانِ	Riparano (loro due, m. e f.)	yuṣliHāni tuṣliHāni
	نُصْلِحُ	Ripariamo	nuṣliHu
تُصْلِحْنَ	تُصْلِحُونَ	Riparate (m. e f.)	tuṣliHūna tuṣliHna
	تُصْلِحانِ	Riparate (voi due)	tuṣliHāni
يُصْلِحْنَ	يُصْلِحُونَ	Riparano (m. e f.)	yuṣliHūna yuṣliHna

19.3. Wow, voglio provare!

In questo esercizio ti chiederò di scrivere nella forma, tempo e persona, il verbo che scriverò alla prima forma, alla terza persona singolare del passato.

شَهِدَ da mettere alla terza forma: il presente ed il passato della prima persona plurale.

شَكَّلَ da mettere alla seconda forma: il presente ed il passato della terza persona plurale maschile.

صَبَّحَ da mettere alla quarta forma: il presente ed il passato della seconda persona femminile.

19.4. Soluzioni

شَاهَدْنا   نُشاهِدُ
شَكَّلوا   يُشَكِّلونَ
أَصْبَحتِ   تُصْبِحينَ

I segreti svelati di questo capitolo

. Oggi hai visto le prime tre forme derivate: la seconda, la terza e la quarta. Ognuna ha i suoi tratti distintivi.

. La seconda forma ha la *shadda* sulla seconda radicale.

. La terza forma la *alif* tra la prima e la seconda.

. La quarta forma ha una *hamza* prima delle tre radicali e un *sukun* sulla prima radicale.

. Il presente è abbastanza simile per tutte le tre forme derivate: damma/u sul prefisso, fatha sulla prima radicale (NON la quarta forma), kasra sulla seconda radicale.

20. GLI AGGETTIVI DIMOSTRATIVI

20.1. Oggi sarà soft, quindi approfittiamone per studiare alcuni scrittori arabi degli ultimi secoli

Una delle nozioni più importanti che vorrei sapessi riguardo la lingua araba, riguarda l'ambiente in cui essa si parla; essendo la **quinta lingua più parlata al mondo**, i paesi in cui si parla possono essere suddivisi geograficamente in quattro grandi gruppi:

. **Maghreb: Marocco, Tunisia, Algeria, Libia e Mauritania;**

. **Egitto e Sudan;**

. **Paesi dello Sham: Siria, Libano, Israele, Giordania e Palestina;**

. **Paesi del Golfo: Arabia Saudita, Yemen, Oman, Emirati Arabi, Qatar, Bahrein, Kuwait e Iraq.**

Per ognuno di questi gruppi ho scelto un autore che ha saputo condensare in un romanzo la storia recente del suo paese e della sua regione, cosicché tu possa (se ne hai voglia) farti un'idea della storia di ognuno di questi gruppi.

Maghreb: **Yasmina Khadra**

CIÒ CHE IL GIORNO DEVE ALLA NOTTE

Romanzo che descrive la storia dell'Algeria dagli anni 40 al 1962, anno dell'indipendenza. Si affrontano, quindi, temi quali la colonizzazione e la guerra d'indipendenza ma non solo.

Il romanzo ha come protagonista un bambino algerino che si ritrova a vivere in un quartiere multiculturale ed europeo dell'Algeria francese degli anni '40, nel quale stringerà forti amicizie e troverà l'amore. La guerra non sconvolgerà solo i poteri ma anche sentimenti e valori.

Egitto e Sudan: **'Ala al Aswani**

PALAZZO YA'COUBIAN

È il romanzo scandalo del dentista egiziano **'Ala al Aswani**, nel quale si intrecciano e si raccontano la vite degli abitanti di questo palazzo, realmente esistente, nel centro del Cairo.

Attraverso le vicissitudini dei protagonisti, si ha un quadro dell'Egitto dagli anni '50 in poi, ossia dell'Egitto postrivoluzione, dominato dai militari.

Si affrontano i temi della corruzione, del fondamentalismo, della violenza e della condizione della donna.

Paesi dello Sham: **Susan Abulhawa**

OGNI MATTINA A JENIN

È un romanzo che, attraverso tre generazioni di una famiglia palestinese, ricopre la storia di questo paese dal 1948 al 2002. Il titolo prende nome proprio dal campo profughi nel quale la famiglia della protagonista (e voce narrante) è obbligata a fuggire, dopo l'occupazione israeliana del villaggio in cui abitava fino a quel momento.

I temi affrontati sono, quindi, quelli dell'occupazione, della condizione della donna e della sofferenza di un intero popolo, costretto all'esilio.

Paesi del Golfo: **Abd al-Rahman Munif**

CITTÀ DI SALE

Romanzo composto da cinque tomi, in cui viene narrato come sono avvenuti e quali sono stati i cambiamenti, nei Paesi del Golfo, dovuti alla scoperta del petrolio. L'autore non specifica il nome del paese in cui è ambientato il romanzo, ma probabilmente si tratta dell'Arabia Saudita.
La scoperta del petrolio provoca trasformazioni non solo a livello tecnologico ma anche culturale.

20.2. Quali sono gli Aggettivi Dimostrativi?

Come in italiano, **gli aggettivi dimostrativi servono ad indicare un oggetto o una persona**, vicino o lontano.

Come tutti gli aggettivi, questi **devono essere accordati in genere e numero con l'oggetto/persona a cui si riferiscono e, a volte, anche nel caso.**

Ricordati che **il plurale di oggetti non animati deve essere accordato al genere femminile**.

Diamo subito un'occhiata ai vari aggettivi dimostrativi e poi ne riparliamo meglio; per facilitare la memorizzazione li divideremo in maschili e femminili.

Aggettivi dimostrativi maschili

Aggettivo dimostrativo	Traduzione	Traslitterazione
هٰذا	Questo	hādhā
هٰذانِ هٰذَينِ	Questi due (caso nom. E acc/ obliquo)	Hādhāni Hādhaīni
هٰؤلاءِ	Questi	Hā'ula'i

Aggettivi Dimostrativi Femminili

Aggettivo dimostrativo	Traduzione	Traslitterazione
هَذِهِ	Questa	hādhihi
هَاتَانِ هَاتَيْنِ	Queste due (caso nom. E acc/ obliquo)	hātāni hātaīni
هَؤُلَاءِ	Queste	hā'ulā'i

N.B. Come avrai notato, la "ha" iniziale di tutti questi aggettivi, ha un piccolo trattino posto sopra: **non è una fatha ma una alif**, quindi, come tale deve essere pronunciata.

Vedrai questo tipo di scrittura della **alif** solo per gli aggettivi dimostrativi e in alcuni sostantivi, il più famoso dei quali è *Allāh*, ossia "Dio" in arabo:

20.3. Come si usano? Le loro particolarità

La regole per usare questo tipo di aggettivi sono abbastanza semplici. Una volta che li hai memorizzati (ed è la parte più difficile), ti devi solo ricordare solo tre concetti:

. Affinché svolgano la loro funzione di aggettivi, **i sostantivi a cui si riferiscono devono avere sempre l'articolo.**

. Questi aggettivi hanno una posizione nella frase un po' particolare quando si riferiscono ad uno degli elementi dello **stato costrutto**: se si riferiscono al primo termine, vanno DOPO l'intero stato costrutto; se si riferiscono al secondo termine dello stato costrutto, vanno prima del secondo termine. Possono quindi, in questo caso, **"rompere"** lo **stato costrutto**.

. **Il duale di questi aggettivi si declina**. Dovrai, quindi, capire il ruolo, cioè, qual è la funzione svolta dal sostantivo a cui si riferiscono.

Basterà qualche esempio per chiarire i concetti:

Questo libro è bello.

questo libro è bello
هٰذا الكِتابُ جَميلٌ
hādhā al-kitābu gamīlun

Il libro di questi due ragazzi è bello.

Il libro di questi due ragazzi è bello
كِتابُ هٰذَينِ الشَّابَّينِ جَميلٌ
kitābu hādhaīni ash-shābbaīni gamīlun

20.4. Niente di difficile, basta solo un po' di esercizio!

In questo esercizio ti chiederò di riempire gli spazi con l'aggettivo dimostrativo adatto.

Prova anche a vocalizzare le frasi; è ormai giunto il tempo che impari a leggere senza la vocalizzazione.

1. شرحت ... المعلمات نص ... الكاتب
نَصّ testo

2. ذهبت إلى حفلة ... البنت الأسبوع الماضي مع صديقتي
حَفْلَة festa   أُسْبوع ماضي

3. ... الشابانِ لَطيفانِ

4. درسنا أنا و أختي ... الكتب معاً
معاً insieme

20.5. Soluzioni

1 شَرَحَتْ هٰؤُلاءِ المُعَلِّماتُ نَصَّ هٰذا الكاتِبِ

2 ذَهَبْتُ إلى حَفْلةِ هٰذِهِ البِنْتِ الأَسْبوعَ الماضي مَعَ صديقتي

3 هٰذانِ الشابّانِ لَطيفانِ

4 دَرَسْنا أنا وأختي هٰذِهِ الكُتُبَ مَعاً

Traduzione:

1. Queste professoresse hanno spiegato il testo di questo autore.

2. Sono andata/o alla festa di questa ragazza la settimana scorsa con la mia amica.

3. Questi due ragazzi sono gentili.

4. Io e mia sorella abbiamo studiato questi libri insieme.

I segreti svelati di questo capitolo

. Gli aggettivi dimostrativi sono generalmente invariabili; solo il duale cambia a seconda del caso.

. Quando si riferiscono ad uno dei due termini dello stato costrutto, si deve fare attenzione: se si riferiscono al primo, vanno alla fine dello stato costrutto; se si riferiscono al secondo si trovano tra i due termini.

. Per scriverli correttamente, fai attenzione a ricordare la piccola *"alif"* posta sopra la *"ha"* inziale.

21. IL CONGIUNTIVO

21.1. Formazione generale

Prima di andare a vedere quando e come si usa il congiuntivo, ci soffermeremo sulla sua formazione, in quanto, è abbastanza particolare.

Si parte dal presente e avvengono i seguenti cambiamenti:

. Per tutte le persone la cui desinenza termina con una *"nūn"*, essa cade.

. Per le *persone plurali maschili* (voi e loro m.), oltre la caduta della *"nūn"*, c'è l'aggiunta di una *alif* dopo la *"wau"* che rimane. La *"alif"* NON si deve pronunciare.

. Per tutte le altre persone, ossia quelle che terminano con una **"damma"** sull'ultima consonante, la *"damma"* si trasforma in *"fatha"*.

Ti accorgerai che **le uniche persone a non subire cambiamenti sono le persone plurali femminili** (voi e loro f.).

Queste regole valgono per tutte le forme, anche quelle derivate.

E ora lo dimostreremo coniugando il verbo di seconda forma دَرَّسَ ossia **insegnare**.

Verbo		Traslitterazione	
	أُدَرِّسَ	udarrisa	
تُدَرِّسِي	تُدَرِّسَ	tudarrissa	tudarrisī
تُدَرِّسَ	يُدَرِّسَ	yudarrisa	tudarrisa
تُدَرِّسَا	يُدَرِّسَا	yudarrisā	tudarrisā
	نُدَرِّسَ	nudarrisa	
تُدَرِّسْنَ	تُدَرِّسُوا	tudarrisū	tudarrisna
	تُدَرِّسَا	tudarrisā	
يُدَرِّسْنَ	يُدَرِّسُوا	yudarrisū	yudarrisna

Come avrai notato non ho riportato la traduzione accanto, a differenza del solito. Il "problema" è che la traduzione del cosiddetto congiuntivo in arabo corrisponde a tre diverse traduzioni in italiano.

21.2. Uso

Ti chiederai, come è possibile? La traduzione di questo modo dipende, infatti, dalla particella che precede il verbo.

A seconda della particella, il verbo può esprimere un infinito, un congiuntivo o la negazione del futuro.

Le tre particelle sono:

21.2.1. Proposizione finale

ل che si traduce con "**per**", introduce una preposizione finale, che **esprime il perché ed il motivo**.

Tradurremmo, in questo caso, il cosiddetto congiuntivo con un verbo all'infinito.

Ricordiamoci che questa particella, formata da un'unica lettera, va scritta attaccata a ciò che segue, sostantivo o verbo che sia.

Es: Vado in biblioteca per studiare

Vado in biblioteca per studiare
أَذْهَبُ إلى المَكْتَبَةِ لِأَدْرُسَ
Adhhabu ila l maktabati li adrusa

21.2.2. Negazione del futuro

 serve ad introdurre la negazione del futuro. Corrisponde quindi ad un "**non**" seguito da un verbo al futuro.

Es: Domani (غداً)

Claudia non andrà al mare (بَحْر)

Domani Claudia non andrà al mare
غَداً لَنْ تَذْهَبَ كلاوديا إلى البَحْر
Ghadan lan tadhhaba Claudia ilā l baHri

21.2.3. Congiuntivo

أَنْ è l'unica particella che giustifica il perché chiamiamo questo modo "congiuntivo", anche in italiano.

Quando il congiuntivo viene preceduto da questa particella, il verbo che segue può essere infatti tradotto con:

. Un congiuntivo;

. Una frase introdotta da "di" più un infinito;

. Direttamente dall'infinito, senza alcuna preposizione davanti.

Da notare che **in arabo esiste un solo tipo di congiuntivo, passato e presente.**

La scelta del tempo dipenderà, quindi, dagli altri verbi all'interno della frase.

Segue anche, in generale, le stesse regole che il congiuntivo segue in italiano, ossia, deve essere preceduto da determinati verbi, come i verbi che indicano un sentimento, una volontà, una decisione.

Pian piano, vedrai quanto è semplice usarlo e imparerai la lista dei verbi più comuni.

Es: Ho voglia (avere voglia: رَغَبَ)

di ascoltare (سَمَعَ)

un po' di musica (lett: la musica) (موسقى)

Ho voglia di ascoltare un po' di musica
أَرْغَبُ أَنْ أَسْمَعَ الموسِقى
Arghabu an asma'a al mūsiqa

Per concludere, in generale, devi fare attenzione MOLTA attenzione ad un aspetto: questo modo deve essere sempre e comunque coniugato in accordo con la persona e al cosiddetto "congiuntivo", indipendentemente dal tempo del verbo che lo precede.

Anche quando ti troverai davanti ad un infinito in italiano, chiediti sempre qual è il soggetto della frase.

21.3. Esercitati

In questo esercizio, dovrai **tradurre dall'italiano all'arabo**.

È l'esercizio più difficile, ma anche il più utile per capire dov'è che si sbaglia maggiormente!

1. Questa sera mia sorella non uscirà perché preferisce studiare (sera: مساء) (preferire: فَضَّلَ)

2. Il suo amico ha deciso di andare al mare con il suo cane. (decidere: قَرَّرَ)

1. Ha preso la scala per salire sul tetto
(scala: سُلَّام) (salire: صَعِدَ) (tetto: سَقَف)

21.4. Soluzioni

1 هٰذا المساءَ لَنْ تَخْرُجَ أختي لِأَنَّها تُفَضِّلُ أَنْ تَدْرُسَ

2 قَرَّرَ صديقُهُ أَنْ يَذهَبَ إلى البَحْرِ مَعَ كَلْبِهِ

3 أَخَذَ السُّلَّمَ لِيَصْعَدَ الى السَقَفِ

I segreti svelati di questo capitolo

. La formazione del cosiddetto Congiuntivo è abbastanza particolare e richiede, tranne che per le persone plurali femminili, o la caduta di una lettera o il cambiamento dell'ultima vocale. Se non ti ricordi quali, vai a controllare!

. Tramite questo modo è possibile esprimere: il congiuntivo, il futuro negativo ed una frase finale. Basta aggiungere una particella davanti il verbo coniugato al cosiddetto congiuntivo.

. Le particelle sono: " لِ " ; "لَنْ" ; "أَنْ".

. In arabo non esiste un congiuntivo passato e presente; è unico e serve a tradurre entrambi i tempi, che saranno decisi grazie al contesto.

22. SCOPRI IL PIU INTRIGANTE SEGRETO DELLA LINGUA ARABA (Parte II)

Laura è appena tornata dal suo viaggio in Medio Oriente e decide di invitare delle sue amiche e cucinare i suoi piatti preferiti:

م: ما هذه الرائحة اللّذيذة؟

ل: هذه الرائحة رائحة البقدونس! أحضر التبولة لهذا المساء. التبولة سلطة لبنانية مصنوعة بالبرغل و البقدونس و مكونات اخرى

م: بحبوب الحمص أيضا؟ أ ليبست هذه البقوليات حبوب الحمص؟

ل: صحيح. لكنني أسلقها لأطبخ الحمص و هو طبق تقليدي شرقي

ام: ما أكلتها ابدا. سأساعدك!

ل: ممتاز! شكرا

م: عفوا. هل نطبخ كعكة؟

ل: ليس لنا الوقت لنطبخها للأسف

م: المرة القادمة إن شاء الله

Traslitterazione, traduzione e parole nuove:

M: mā hādhihi rrā 'lHatu lladhidhatu?
L: hādhihi rrā 'lHatu rā 'lHatu l baqdūnisi. uHaḌḌiru ttbūlalata li hādhā l masa'i. at-ttbūlalatu salaṯatun lubnaniyyatun maṣnū'atun bi l burghuli wa l baqdūnisi wa mukawwinātin ukhrā
M: bi l Hubūbi al Hummuṣi aīḌan? Laysat hādhihi l buqūliyyātun Hubūba l Hummuṣi
L: saHīHun. Lakinnanī usalliquha liatbukha l Hummusa wa huwa ṯabaqun taqlidyyun sharqiyyun
M: ma akaltuhu abadan. Sa'usa'iduki!
L: mumutāzun! Shukran
M: 'afwan. Hal naṯbukhu ka'katan?
L: laysa lana l waqtu li naṯbukhaha lil asafi
M: al marratu l qādimatu in sha' Allah

M: cos'è questo buon profumo?
L: questo odore è il prezzemolo! Preparo il tabbule per questa sera! È un'insalata libanese con il bulgur , il prezzemolo e altro
M: anche con i ceci? Quei legumi non sono ceci?
L: si, però li devo far bollire per fare l'hummus, una crema di ceci
M: interessante! Non l'ho mai mangiata! ti aiuto!
L: perfetto, grazie
M: prego! Ma cuciniamo anche un dolce?
L: purtroppo non abbiamo il tempo per preparalo oggi!
M: tranquilla, sarà per la prossima volta

رائحة	odore	بقوليات	legumi
بقدونس	prezzemolo	سلق	bollire
حضر	preparare (II)	أبدأ	mai(frase negat.)
مكونات	ingredienti	ممتاز	perfetto
حبوب	semi	للأسف	purtroppo

22.1. V, VI forma

Oggi continueremo a scoprire altre due forme (**in totale sono dieci**, di cui solo una non sarà esaminata). Abbiamo scelto queste due forme perché si somigliano molto per quanto riguarda la loro costruzione e il loro valore.

VALORE
Entrambe queste forme in italiano vengono etichettate come "**riflessive**". La V forma è solitamente la forma riflessiva della II, mentre la VI è la forma riflessiva della III ma può indicare anche "reciprocità" dell'azione espressa dal verbo di I o III forma.

COSTRUZIONE DEL PASSATO
Per entrambe, basta mettere una "**ta**" davanti alle rispettive forme "**non riflessive**", ossia la II e la III. Per quanto riguarda le desinenze, invece, non cambia niente.

COSTRUZIONE DEL PRESENTE
Entrambe seguono un modello in **fatha/a**; tutte le lettere, compresi i prefissi sono, infatti, vocalizzate con questa vocale.
Non vocalizzare con la **fatha/a**, però, l'ultima radicale, perché la **damma/u**, in quel caso, è simbolo del presente "indicativo". Se metti una **fatha/a**, ottieni il congiuntivo.
Non cade, inoltre, la "**ta**", simbolo del passato, che prenderà anch'essa una **fatha/a**.

Ora andiamo a vederle più da vicino separatamente.

V FORMA

Faremo l'esempio con il verbo già incontrato durante gli esercizi " شَكَّلَ " ossia formare.

Aggiungendo una "**ta**" davanti si ha il verbo riflessivo "formarsi", ossia " تَشَكَّلَ ".

Al passato quest'aggiunta non modifica alcunché nella costruzione.

Nel presente cambia, invece, nuovamente la vocalizzazione interna.

Ricordati che la "**ta**", caratteristica della V forma (ma anche della VI), non cade.

Basta, quindi, aggiungere i soliti prefissi davanti e le desinenze alla fine, vocalizzare con la **fatha/a**, ed il gioco è fatto.

Verbo	Traduzione	Traslitterazione
أَتَشَكَّلُ	Mi formo	atashakkalu
تَتَشَكَّلُ تَتَشَكَّلِينَ	Ti formi (m. e f.)	tatashakkalu tatashakkalīna
يَتَشَكَّلُ تَتَشَكَّلُ	Si forma (m. e f.)	yatashakkalu tatashakkalu
يَتَشَكَّلانِ تَتَشَكَّلانِ	Si formano (loro due, m. e f.)	yatashakkalāni tatashakkalāni
نَتَشَكَّلُ	Ci formiamo	natashakkalu
تَتَشَكَّلُونَ تَتَشَكَّلْنَ	Vi formate (m. e f.)	tatashakkalūna tatashakkalna
تَتَشَكَّلانِ	Vi formate (voi due)	tatashakkalāni
يَتَشَكَّلُونَ يَتَشَكَّلْنَ	Si formano (m. e f.)	yatashakkalūna yatashakkalna

VI FORMA

Per fare l'esempio della coniugazione del presente di VI forma, useremo la VI forma del verbo " فَهِمَ " ossia "*capire*".

In questo caso, infatti, la VI forma **indica reciprocità** e il suo significato "originario" si ritrova nella I forma, non la III.

È importante, però, partire dalla terza per la costruzione, perché a questa basta aggiungere una "**ta**" davanti e si avrà il passato " تَفاهَمَ ", ossia "*capirsi a vicenda*".

Per il presente basterà, quindi, aggiungere prefissi, desinenze e vocalizzare il tutto con la **fatha/a**.

Verbo	Traduzione	Traslitterazione
أَتَفَاهَمُ		atafāhamu
تَتَفَاهَمُ تَتَفَاهَمِينَ	(m. e f.)	tatafāhamu tatafāhamīna
يَتَفَاهَمُ تَتَفَاهَمُ	(m. e f.)	yatafāhamu tatafāhamu
يَتَفَاهَمَانِ تَتَفَاهَمَانِ	Si capiscono (loro due, m. e f.)	yatafāhamāni tatafāhamāni
نَتَفَاهَمُ	Ci capiamo	natafāhamu
تَتَفَاهَمُونَ تَتَفَاهَمْنَ	Vi capite (m. e f.)	tatafāhamūna tatafāhamna
تَتَفَاهَمَانِ	Vi capite (voi due)	tatafāhamāni
يَتَفَاهَمُونَ يَتَفَاهَمْنَ	Si capiscono (m. e f.)	yatafāhamūna yatafāhamna

22.2. Ed ora esercitati

In questo esercizio, ti chiederò di individuare **forma, persona e tempo** del verbo coniugato che ti scriverò qui sotto. Dovrai anche vocalizzarlo.

Puoi prendere il vocabolario e, ti consiglio, anche un po' di pazienza.

1	نساعد	5	أسجل
2	مارست	6	أخدتم
3	تتكلم	7	تصدرين
4	تركوا	8	أخطر

22.3. Soluzioni

Risolveremo insieme il primo e poi farai il resto da solo.

Prima di tutto devi individuare le tre radicali.

Però ci sono cinque lettere: ti ricordi la famosa frase che ti avevo detto?

Ecco, prova ad applicarla: ecco che ti rimangono la sa, 'a e la da.

E le due che rimangono? La *alif*, tra la prima e la seconda radicale, tendenzialmente, cos'è? Il simbolo della terza forma!

E la *nūn* iniziale, di cos'è simbolo? È il prefisso della prima persona plurale presente!

Quindi, la soluzione è "**nusā'idu**".

Ti ricordo che, **a volte è necessario fare più di un tentativo per capire quali sono le radicali e quali le lettere in più** (prefissi, desinenze o lettere caratteristiche di una forma).

Infine, **in caso ci siano forme che non vocalizzate risultano uguali, solo il contesto può aiutare.**

1	نُساعِدُ	5	أَسَجِّلُ
2	مارَسْتُ	6	أَخَذْتُمْ
3	تَتَكَلَّمَ	7	تُصَدِّرين
4	تَرَكُوا	8	أَخْطَرَ

I segreti svelati di questo capitolo

. Solitamente, la V e la VI forma sono le forme riflessive, rispettivamente, della II e della III forma.

. La VI ha anche valore di reciprocità.

. Per entrambe, basta aggiungere una "*ta*" davanti alla II e III forma.

. La vocalizzazione interna del presente è tutta in *fatha* e si mantiene la *ta*, simbolo di queste forme.

23. L'IMPERATIVO (Parte 1: I - VI forma)

Anche oggi affronteremo un argomento abbastanza spinoso. La formazione dell'imperativo è un po' complicata e all'inizio bisogna fare attenzione a rispettare i vari passaggi che si devono affrontare per formarlo.

Guarda l'aspetto positivo: stai facendo grandi progressi nella conoscenza della lingua! Quindi, *yalla*, non avere timore e concentrati un po'.

23.1. Come si forma? Fai attenzione!

Inizieremo con una piccola presentazione dell'imperativo e delle regole che si seguono in generale per formarlo. Poi passeremo ad esempi e regole più specifiche, per ogni forma.

Regole generali:

. Per formare l'imperativo partiamo, per comodità, dal congiuntivo: rispettiamo quasi tutti i cambiamenti che esso comporta, ossia la caduta delle *nūn* e l'aggiunta delle *alif* per le persone plurali maschili.
Cambiamo però un aspetto: l'ultima vocale non è vocalizzata in *fatha* ma con un *sukun*.

. Una volta che abbiamo apportato questi cambiamenti, facciamo cadere il prefisso.

. Dopo aver applicato la prima e le seconda regola, diamo un'occhiata alla prima lettera del verbo: è vocalizzata o no? Se è vocalizzata, non aggiungiamo nulla; se non lo è, si dovrà aggiungere, al posto del prefisso caduto, una *hamza* vocalizzata a seconda della forma.

Ora applicheremo queste regole con tutte le forme analizzate finora.

I FORMA

Prendiamo come esempio il verbo "**uscire**".

. **Primo passo**: lo coniughiamo alla seconda persona singolare maschile e l'ultima radicale la vocalizziamo con un *sukun*: تُخْرُجْ

. **Secondo passo**: facciamo cadere il prefisso: خْرُجْ

. **Terzo passo**: la prima radicale, la *kha*, è vocalizzata? No.

Allora, e questa è una regole specifica per la prima forma, aggiungiamo una *hamza* (sostenuta da una *alif*) la cui vocale è quella con la quale viene vocalizzata la seconda radicale, la *damma/u* in questo caso. Avremo quindi: أُخْرُجْ

II, III, V e VI FORMA

Le esaminiamo insieme, in quanto, per tutte ci fermiamo al secondo passo.

. **Primo passo**: coniughiamo questi verbi alla seconda persona e rispettiamo la prima regola.

Forma		Persona
II	تُشَكِّلْ	2°m.s.
III	تُساعِدي	2°f.s.
V	تَتَشَكَّلوا	2° m.pl.
VI	تَتافَهَما	duale masc.

. **Secondo passo**: si elimina il prefisso di ogni persona.

Forma		Persona
II	شَكِّلْ	2°m.s.
III	ساعِدي	2°f.s.
V	تَشَكَّلوا	2° m.pl.
VI	تافَهَما	duale masc.

. **Terzo passo**: analizziamo la prima radicale che incontriamo. È vocalizzata? Sì, sempre.

Quindi, non dobbiamo aggiungere nulla.

Con soli due passi hai formato l'imperativo!

IV FORMA

. **Primo passo**: coniughiamo il verbo alla seconda persona con le dovute correzioni.

. **Secondo passo**: facciamo cadere il prefisso.

. **Terzo passo**: ci accorgiamo che la prima lettera non è vocalizzata. Solo per la quarta forma metteremo, al posto del prefisso, sempre una *hamza* vocalizzata in *fatha/a*.

terzo passo	secondo passo	primo passo
أَصْلِحْ	صْلِحْ	تُصْلِحْ

23.2. Dai, esercitati

In questo esercizio, ti chiederò di riempire questa tabella piena di imperativi. Una volta capito il verbo di partenza, ossia la sua forma, ti chiedo di completare il resto delle persone all'imperativo.

2° per. m.s.	2° per. f. s.	2° per.m. pl.	duale mas.
	أُدْرُسِي		
	دَرِّسِي		
		إذْهَبوا	
مارِسْ			
			تَعَلَّما
أُخْرُجْ			

23.3. Soluzioni

La prima riga è un verbo di prima forma; la seconda è uno di seconda; la terza, un altro verbo di prima forma; la quarta è un verbo di terza forma; la quinta uno di quinta e la sesta uno di quarta.

Se non avevi individuato la forma, rifai l'esercizio prima di voltare pagina.

2° per. m.s.	2° per.f. s.	2° per.m. pl.	duale mas.
أُدْرُسْ	أُدْرُسِي	أُدْرُسُوا	أُدْرُسَا
دَرِّسْ	دَرِّسِي	دَرِّسُوا	دَرِّسَا
إِذْهَبْ	إِذْهَبِي	إِذْهَبُوا	إِذْهَبَا
مَارِسْ	مَارِسِي	مَارِسُوا	مَارِسَا
تَعَلَّمْ	تَعَلَّمِي	تَعَلَّمُوا	تَعَلَّمَا
أَخْرِجْ	أَخْرِجِي	أَخْرِجُوا	أَخْرِجَا

I segreti svelati di questo capitolo

. In questo capitolo abbiamo analizzato quali sono i tre passi che bisogna fare per formare l'imperativo.

. Ci sono delle *regole generali* e delle *regole specifiche*, la più importante delle quali è: <u>la prima lettera dell'imperativo non può mai essere non vocalizzata</u>.

24. IMPARA A COSTRUIRE UNA FRASE RELATIVA E RENDI IL TUO DISCORSO PIU FLUIDO!

24.1. I Pronomi Relativi

Oggi affronteremo un argomento un po' articolato ma sicuramente utilissimo, in quanto, i Pronomi Relativi ti aiuteranno a formare una frase più completa e fluida.

Quindi, cominciamo con la loro presentazione e poi, tieniti forte!

Pronomi Relativi Maschili

Pronome relativo	Traduzione	Traslitterazione
الَّذِي	Che, il quale	alladhī
الَّذَانِ	Che, i quali (loro due: caso nom. E acc/obliquo)	alladhāni
الَّذَيْنِ		alladhaīni
الَّذِينَ	Che, i quali	alladhīna

Pronomi Relativi Femminili

Pronome relativo	Traduzione	Traslitterazione
الَّتِي	Che, la quale	allatī
اللَّتَانِ اللَّتَيْنِ	Che, le quali (loro due: caso nom. e acc/obliquo)	alllatāni alllataīni
اللَّوَاتِي	Che, le quali	alllawati

24.3. Costruzione di una Frase Relativa

Come avrai notato, **il Pronome Relativo in arabo si deve accordare in genere e numero al suo antecedente.**

Per quanto riguardo il **duale**, si deve fare attenzione anche al caso in cui si trova l'antecedente, prima di fare l'accordo.

La costruzione di una frase relativa, invece, dipende dalla funzione che il pronome svolge nella frase relativa, la quale collega due frasi, quella principale e quella relativa, che hanno un oggetto o una persona in comune.

Es: *Il ragazzo è uscito. Il ragazzo è gentile.*

Usando, quindi, il Pronome Relativo è possibile unire le due frasi, che hanno in comune "il ragazzo".

Es: *Il ragazzo che è uscito è gentile.*

A seconda che la sua funzione del Pronome sia quella di soggetto, complemento oggetto, o sostituisca un caso obliquo, ci sono tre diverse costruzioni in arabo.

Ora andremo ad analizzare le tre diverse costruzioni.

. **Pronome Relativo Soggetto**

Nell'esempio sopra riportato il Pronome Relativo è il soggetto della frase relativa "che è uscito".

La costruzione è molto semplice, in quanto, è uguale a quella italiana:

Il ragazzo che è uscito è gentile
الشَّابُ الَّذي خَرَجَ لَطيفٌ
Ash-shabbu alladhī kharaga laṭifun

. **Pronome Relativo Complemento Oggetto**

Quando il Pronome è, invece, il Complemento Oggetto nella frase relativa, a differenza dell'italiano, in arabo si deve attaccare al verbo della frase relativa la particella che esprime l'aggettivo possessivo (ed altro), in accordo nel genere e nel numero dell'antecedente.

Es: *Il capitolo* (فَصْلْ) *che ho studiato ieri è difficile.*

Il capitolo che ho studiato ieri è difficile
الفَصْلُ الَّذي دَرَسْتُهُ أَمْسَ صَعْبٌ
Al-faṣlu alladhī darastuhu amsa ṣa'bun

. **Pronome Relativo Caso Obliquo**

Quando il Pronome è un caso obliquo nella frase relativa, a differenza dell'italiano, in arabo la preposizione si mette DOPO il verbo della frase relativa, non prima.

Inoltre, alla preposizione si aggiunge la particella che esprime l'aggettivo possessivo, in accordo nel genere e nel numero dell'antecedente.

Es: *Il tuo amico, con il quale sono uscita ieri, è gentile.*

Il tuo amico, con il quale sono uscita ieri, è gentile
صَديقُكَ الَّذي خَرَجْتُ مَعَهُ أَمْسَ لَطيفٌ
ṣadīquka alladhī kharaǧtu ma'ahu amsa laṭīfun

24.4. Difficile? No, se ti eserciti

1أدرس الدرس الذي شرحته المعلمة أمس

2كتب الشباب الذين تكلمتم معهم كتابا عن الحرب في سوريا

3هل أخذت المفتاح الذي تركته على الطولة ؟

4البنت التي قابلناها أنا و أختي بنت جارنا

24.5. Soluzioni

1‏أَدْرُسُ الدَّرْسَ الَّذي شَرَحَتْهُ المُعَلِّمةُ أَمْسَ

2‏كَتَبَ الشَّبابُ الذينَ تَكَلَّمْتُمْ مَعَهُم كِتاباً عَنْ الحَرْبِ في سوريا

3‏هَلْ اَخَذْتَ المِفْتاحَ الَّذي تَرَكْتُهُ على الطَّوْلةِ ؟

4‏البِنْتُ التي قابَلْناها أنا و أُختي بِنْتُ جارِنا

Traduzione:

1. Studio la lezione che la professoressa ha spiegato ieri.
2. I ragazzi con i quali avete parlato hanno scritto un libro sulla guerra in Siria.
3. Hai preso la chiave che ho lasciato sul tavolo?
4. La ragazza che io e mia sorella abbiamo incontrato è la figlia del nostro vicino.

I segreti svelati in questo capitolo

. I Pronomi Relativi si devono accordare in genere e numero all'antecedente al quale si riferiscono. Il duale si deve accordare anche nel caso.

. La costruzione di una frase relativa dipende dalla funzione che svolge il pronome nella frase relativa: soggetto, compl. oggetto o compl. obliquo.

25. SCOPRIAMO COME SI NEGA L'IMPERATIVO E...

Flavio entra in una moschea con il suo amico Karim e non fa altro che fare osservazioni e domande:

إف: ما هذا البرج؟ يشبه برج الكنيسة

ك: هذا البرج المنارة و هي المكان الذي يتكلم المؤذن منه ليخبر المسلمين بأن ساعة الصلاة وصلت . اليوم بالواقع له مبكر الصوت. اِخلع الحضاء لتدخل غرفة الصلاة

ف: بالتأكيد. ما هذا النتوء؟

ك: اسم هذا النتوء "محراب" و هو متَّجه إلى مكَّة. يسجد المسلمون إلى نفس الاتَّجاه في الصلاة

ف: أفهم... و هل هذه المنصة منصة الإمام؟ و اسمها منبار؟

ك: صحيح! فتعرف بعض الأشياء! هل تعلم معنى هذه الكتابة؟

ف. لا

ك: إنها ايات القران. في المسجد ايات القران و الفسيفساء مسموحان و رسم اي إنسان ممنوع

ف:حقا؟ إنها جميلة جدا

Traslitterazione, traduzione e parole nuove:

F: ma hādhā l burgu? Yushbihu burga l kanīsati
K: hādhā l burgu l manāratu wa hiya l makānu alladhī yatakallamu l mu'addhinu minhu lyukhbira l muslimīna bianna sā'atu ṣṣalāti waṣalat. Al yauma bil wāqi'i lahu mubakkiru ṣṣaūti. Ikhla' al Hida'a li tadkhula ghurfata ṣṣalāti.
F: bi tta'kīdi. Ma hādhā nnutū'u?
K: ismu hādhā nnutū'i "miHrābun" wa huwa muttagihun ilā Mekka. Yasgidu l muslimūna ilayhi fi ṣṣalāti.
F: afhamu... wa hal hādhihi l manaṣṣatu manaṣṣatu l imāmi? wa Ismuhā minbarun?
K: saHīhun. Fata'rifu ba'da l ashia'i! hal ta'lamu ma'nā hādhihi l kitābati?
F: lā...
K: innahā āyātu l qurāni. Fi l masgidi āyātu l qurāni wa l fisayfisa'u masmūHāni wa rasmu l insani mamnū'un.
F: Haqqan? innahā gamīla giddan!

C: cos'è quella torre? Sembra un campanile!
K: è un minareto, ossia il punto dal quale parla il muezzin per avvertire i musulmani che è arrivata l'ora della preghiera. In realtà ora ha gli altoparlanti. Togliti le scarpe per entrare nella sala della preghiera.
C: certo. E cos'è quella nicchia?

K: questa nicchia si chiama "miHrab" ed è orientata verso la Mecca. I musulmani si prostrano verso quella direzione durante la preghiera.
C: capisco...e quel pulpito è il luogo dal quale l'imam guida la preghiera, il minbar?
K: si, bravo. Sai un po' di cose allora! Sai cosa è scritto sul muro?
C: no... .
K: sono versi del Corano. Solo mosaici e versi del corano sono permessi in quanto le raffigurazioni dell'uomo sono proibite nelle moschee!
C: davvero? Penso che sia molto bella comunque!

بُرْج	torre	مَكَّة	Mecca
كَنِيسَة	chiesa	مَنَصَّة	pulpito
أَشْبَه	somigliare a (IV)	آية	versetto
أَحْذَر	avvertire (IV)	قُرآن	Corano
خَلَع	togliersi	فِسَيْفِساء	mosaico
بِالتَّأْكِيد	certo	مَسْموح	permesso
نُتوء	nicchia	مَمْنوع	proibito
مُتَّجِه	orientato	حَقًّا	davvero?

25.2. L'imperativo Negativo, la Negazione del Passato e l'Esortativo: cosa hanno in comune?

Forse ti sembrerà strano che abbia deciso di presentarli tutti insieme, ma in realtà la spiegazione è semplicissima: **tutti e tre si formano allo stesso modo, ossia tramite "il Condizionale Iussivo"**.

Questo modo non ti è nuovo, in quanto è lo stesso che si usa per formare l'imperativo.

Quindi, se ti ricordi bene, si devono far cadere le *nūn* finali di tutte le persone, eccetto quelle plurali femminili e aggiungere, per quelle maschili plurali, una *alif*.

Alle altre persone bisogna, invece, mettere un *sukūn* sull'ultima radicale.

Imperativo negativo

Per formarlo, bisogna mettere davanti il condizionale-iussivo *lā*, la particella che si usa anche per negare il presente.

Ti accorgerai che non potrai mai confondere i due modi grazie al contesto, tranquillo.

Es: *Non correte!* (**correre:** رَكَضَ)

Non correte!
لا تَرْكُضُوا !
Lā tarkuDū!

. **Negazione del passato**

Esiste un secondo modo per negare il passato, oltre a quello già incontrato con la particella *mā* seguita dal passato.

L'unica differenza tra i due modi, è che questo secondo modo, molto elegante, si trova quasi esclusivamente in un testo scritto.

Questo secondo modo si forma con la particella *lam* seguita dal Condizionale Iussivo.

Fai attenzione, quindi, anche se *sembra* un presente in realtà è un passato.

Es: *Non è andata al cinema ieri.*

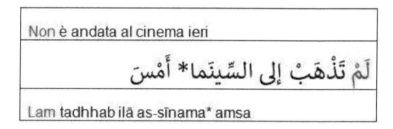

* Avrai notato che se l'ultima lettera è una vocale lunga, il caso non viene scritto, in quanto prevale la vocale lunga. Spesso avviene quando le parole sono di origine straniera.

. **Esortativo**

Questo modo serve a riempire il "vuoto" lasciato dall'imperativo.

Con l'imperativo non è possibile, infatti, dare ordini alle terze persone o, appunto, esortare la prima persona plurale.

Per queste persone bisogna usare l'Esortativo, composto da *li* più il Condizionale Iussivo.

In italiano si renderà o con "*che + congiuntivo*" o "*su/dai+ verbo coniugato al presente*".

Ricordati che questa *li* deve essere scritta attaccata al verbo, in quanto non può trovarsi isolata.

Ti ricorderai che la *li* posta davanti al congiuntivo serve, invece, a formare una frase finale; dunque, fai attenzione!

Es: *Dai, studiamo!*

Dai, studiamo!	
	لِنَدْرُسْ
Linadrus!	

25.3. Esercizi

Riempi gli spazi di questo dialogo tra una madre e la figlia, con le parole e le particelle elencate qui sotto; vocalizza con l'aiuto del vocabolario e traduci!

ــ ها ــ قابلنا ــ حضري اذهبي ــ أذهب ــ لم ــ هذه ــ ل

الأم : كلاوديا ! أخرجي من ... الغرفة و... إلى المدرسة!

البنت : لا أرغب أن ... إلي ... لأن الطلاب خبث معي

الأم : أعرف . لكن أنا و والدك ... معلمتك و شرحنا ... ها الوضع . ستتكلم مع والدي الطلاب و سيتحسن الوضع

البنب : ... أكتب واجبات اليوم

الأم : أفهم. سأكتبه في مفكرتك. ... شنطنتك و أركضي!

البنت : نعم! مع السلامة!

Un po' di lessico:

خُبُث	cattivi
وَالِد	padre
وَضْع	situazione
مُفَكِّرَة	diario

25.4. Soluzioni

الأم : كلاوديا ! أُخْرُجي مِن هٰذِهِ الغُرْفةِ و اِذْهَبي إلى المَدْرَسةِ !

البنت : لا أَرْغَبُ أَن أَذْهَبَ إليها لأنَّ الطُلابَ خُبُثٌ معي

الأم : أَعْرِفُ . لكنَّ أنا و والدُكِ قابلَنا مُعلِّمتَكِ و شَرَحْنا لها الوَضْع . سَيَتَكَلَّمُ مع والدي الطُلابِ و سَيَتَحَسَّنُ الوَضْعُ

البنب : لَمْ أَكْتُبْ واجِباتِ اليوم

الأم : أَفْهَمُ. سَأَكْتُبُهُ في مُفَكِّرَتِكِ. حَضِّري شَنْطَتَكِ و أَرْكُضي!

البنت : نَعَمْ! مَعَ السَّلامةِ!

Traduzione:

La mamma: Claudia! Esci da questa stanza e vai a scuola!

La figlia: Non ci voglio andare perché gli studenti sono cattivi con me.

La mamma: Lo so. Ma io e tuo padre abbiamo parlato con la tua insegnante e le abbiamo spiegato la situazione. Parlerà con i genitori degli studenti e la situazione migliorerà.

La figlia: Non ho fatto (lett: scritto) i compiti di oggi.

La mamma: Capisco. Lo scriverò nel tuo diario. Prepara la tua borsa e corri!

La figlia: Si! Ciao!

I segreti svelati di questo capitolo

. Il Condizionale Iussivo si forma nel seguente modo: cadono le *nūn* finali (ad eccezione delle *nūn* del plurale femminile) e si aggiunge una *alif* per le persone maschili plurali, dopo la caduta delle *nūn*.

. Per tutte le altre persone, l'ultima radicale è vocalizzata con un *sukun*.

. Alcune particelle sono polivalenti: *li* e *lā* sono tra queste.

. La particella *lā* davanti al Condizionale Iussivo crea l'Imperativo Negativo, mentre la particella *li* l'Esortativo.

. Il Passato si può negare con la particella *lam* davanti il Condizionale Iussivo; è un modo molto elegante ed usato, quasi esclusivamente, nello scritto e non nel parlato.

26. SCOPRI IL PIU INTRIGANTE SEGRETO DELLA LINGUA ARABA (Parte III)

26.1. Chi parla arabo è sempre di etnia araba e musulmano? No. Andiamo a scoprire chi altri parla arabo!

La vastità del territorio conquistato dai musulmani nel corso dei secoli, spiega la multiculturalità delle regioni in cui si parla arabo; ma non tutti parlano solo arabo o si sono convertiti all'islam.

Maghreb: Qui troviamo i **Berberi**, ossia il popolo originario dei paesi del nord Africa la cui lingua è il berbero. Si sono islamizzati nel corso dell'VIII secolo, quando le loro terre furono conquistate dagli arabi musulmani.

Dopo la decolonizzazione hanno subito repressioni per essere "arabizzati" e solo dopo vari scontri l'Algeria e il Marocco, hanno riconosciuto la loro cultura e la loro lingua, con ufficialità all'inizio degli anni 2000.

Egitto e Sudan: In queste zone troviamo i cristiani **copti**, la comunità cristiana più grande del Medio Oriente, che solo in Egitto rappresenta quasi il 10% della popolazione.

La loro lingua ufficiale è, ormai, l'arabo e il copto viene usato solo in alcune funzioni religiose.

Paesi dello Sham: Questa è la zona maggiormente costellata da etnie e religioni diverse. Vi troviamo i cristiani **maroniti** in Libano, gli **assiri, armeni e siriaci** di religione cristiana in Siria. In quest'ultimo paese, nel nord, troviamo anche i **curdi**, un popolo eterogeneo per quanto riguarda lingua e religione, suddiviso fra Siria, Iraq, Iran e Turchia.

Paesi del Golfo: L'unica grande minoranza è quella dei curdi, i quali risiedono principalmente in Iraq.

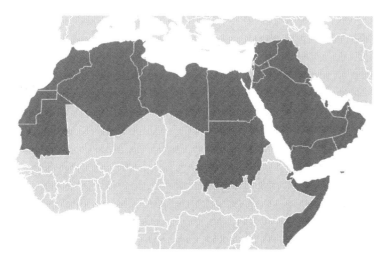

Paesi in cui si parla la lingua araba

26.2. VII, VIII e X forma

Oggi ti presento le ultime tre forme derivate. Come avrai notato, **manca la IX** che, infatti, non verrà spiegata, in quanto poco usata e per la quale bisogna aver studiato un tipo di coniugazione che non affronteremo in questo manuale.

Tutte e tre le coniugazioni hanno in comune il fatto che al Passato bisogna aggiungere una *alif*, vocalizzata con una *kasra/i* davanti, o le tre radicali o le altre lettere che bisogna aggiungere, specifiche di ogni forma.

Questa *alif*, come la *alif* della IV forma, sparisce poi nella coniugazione del presente.

Vediamole tutte nel dettaglio!

VII forma

. **Valore**: Questa forma è la **forma riflessiva** della I.

. **Formazione**: Oltre all'aggiunta della *alif* vocalizzata con la kasra/i , davanti le tre radicali viene anche aggiunta una *nūn* con il *sukun*.

Es: *Riflettere, Rispecchiare* عَكَسَ

Riflettersi, Rispecchiarsi اِنْعَكَسَ

. **Passato**: Per coniugare le varie persone al passato, bisogna soltanto aggiungere le desinenze specifiche di ogni persona.

. **Presente**: Come già accennato, la *alif* vocalizzata con la *kasra* cade; la *nūn,* invece, rimane così com'è.

Si attaccano poi i vari suffissi e prefissi e si vocalizza nel seguente modo: una *fatha/a* sul prefisso, *sukun* sulla *nūn*, fatha/ a sulla prima radicale, *kasra/i* sulla seconda radicale.

Come al solito, **l'ultima radicale segue regole "esterne", come la persona o il modo del verbo presente.**

Di seguito troverai un esempio:

Verbo		Traduzione	Traslitterazione
	أَنْعَكِسُ	Mi rispecchio	an'akisu
تَنْعَكِسِينَ	تَنْعَكِسُ	Ti rispecchio (m. e f.)	tan'akisu tan'akisīna
تَنْعَكِسُ	يَنْعَكِسُ	Si rispecchia (m. e f.)	yan'akisu tan'akisu
تَنْعَكِسانِ	يَنْعَكِسانِ	Si rispecchiano (loro due, m. e f.)	yan'akisāni tan'akisāni
	نَنْعَكِسُ	Ci rispecchiamo	nan'akisu
تَنْعَكِسْنَ	تَنْعَكِسُونَ	Vi rispecchiate (m. e f.)	tan'akisūna tan'akisna
	تَنْعَكِسانِ	Vi rispecchiate (voi due)	tan'akisāni
يَنْعَكِسْنَ	يَنْعَكِسُونَ	Si rispecchiano (m. e f.)	yan'akisūna yan'akisna

VIII forma

. **Valore**: Anche questa forma è la **forma riflessiva** della I, ma spesso, ha anche un **proprio valore transitivo** o addirittura lo stesso significato della I.

. **Formazione**: Oltre all'aggiunta della *alif* vocalizzata con la *kasra/i*, tra la prima e la seconda radicale si interpone una *ta*, vocalizzata con una *fatha/a*. Inoltre, si pone un *sukun* sulla prima radicale.

Es: *Alzare, Sollevare*:

Alzarsi, Elevarsi:

. **Passato**: Così come la VII anche l' VIII forma, conserva tutte le sue lettere aggiunte e basta aggiungere le solite desinenze.

. **Presente**: Anche qui l'VIII forma segue lo schema della VII, quindi: la *alif* vocalizzata con *kasra/i* si elimina e poi si aggiungono prefissi e desinenze delle varie persone.

La vocalizzazione ha il seguente ritmo: *fatha/a* sul prefisso, *sukun* sulla prima radicale, *fatha/ a* sulla *ta* aggiunta, *kasra/i* sulla seconda radicale. L'ultima radicale segue altre regole.

Di seguito, troverai un esempio del verbo riportato sopra.
Ci tengo solo a precisarti che il verbo "**alzarsi**", di solito si usa per i prezzi o, comunque, si riferisce a un oggetto.

Verbo		Traduzione	Traslitterazione
	أَرْتَفِعُ	Mi alzo	artafi'u
تَرْتَفِعِينَ	تَرْتَفِعُ	Ti alzi (m. e f.)	tartafi'u tartafi'ina
تَرْتَفِعُ	يَرْتَفِعُ	Si alza (m. e f.)	yartafi'u tartafi'u
تَرْتَفِعَانِ	يَرْتَفِعَانِ	Si alza (loro due, m. e f.)	yartafi'āni tartafi'āni
	نَرْتَفِعُ	Ci alziamo	nartafi'u
تَرْتَفِعْنَ	تَرْتَفِعُونَ	Vi alzate (m. e f.)	tartafi'ūna tartafi'na
	تَرْتَفِعَانِ	Vi alzate (voi due)	tartafi'āni
يَرْتَفِعْنَ	يَرْتَفِعُونَ	Si alzano (m. e f.)	yartafi'ūna yartafi'na

X forma

. **Valore**: Questa forma, spesso, aggiunge un **valore di domanda o di richiesta** al verbo di base, ossia quello di I forma.

. **Formazione**: Al verbo di I forma, bisogna aggiungere questo piccolo gruppo di lettere اِسْتَ (ista), scrivendolo davanti le tre radicali.

Inoltre, la prima radicale deve essere vocalizzata con un *sukun*.

Es: *Conoscere, Sapere*: عَلِمَ

Chiedere notizia di: اِسْتَعْلَمَ

. **Passato**: Così come per le due forme precedenti, si conservano tutte le lettere aggiunte e si aggiungono le desinenze.

. **Presente**: Così come per le due forme precedenti, la *alif* iniziale cade e rimane il verbo con il nuovo prefisso

La vocalizzazione seguirà, quindi, questo ritmo: *fatha/a* sul prefisso; poi ci sarà il prefisso simbolo della forma *"sta"*, *sukun* sulla prima radicale, *kasra* sulla seconda radicale.

La terza radicale segue le regole esterne.

Verbo		Traduzione	Traslitterazione
	أَسْتَعْلِمُ	Chiedo notizia	asta'limu
تَسْتَعْلِمِينَ	تَسْتَعْلِمُ	Chiedi notizia (m. e f.)	tasta'limu tasta'limūna
تَسْتَعْلِمُ	يَسْتَعْلِمُ	Chiede notizia (m. e f.)	yasta'limu tasta'limu
تَسْتَعْلِمانِ	يَسْتَعْلِمانِ	Chiedono notizia (loro due, m. e f.)	yasta'limāni tasta'limāni
	نَسْتَعْلِمُ	Chiediamo notizia	nasta'limu
تَسْتَعْلِمُونَ	تَسْتَعْلِمْنَ	Chiedete notizia (m. e f.)	tasta'limūna tasta'limna
	تَسْتَعْلِمانِ	Chiedete notizia (voi due)	tasta'limāni
يَسْتَعْلِمُونَ	يَسْتَعْلِمْنَ	Chiedono notizia (m. e f.)	yasta'limūna yasta'limna

26.3. Un po' di esercizi

Anche oggi ti chiederò di riempire una tabella, che ti aiuterà a memorizzare meglio tutte queste nuove forme.

Avrai un verbo al passato o al presente e dovrai capire la forma, la persona e, infine, completare il tempo che manca alla stessa forma e persona.

In bocca al lupo e non avere fretta.

Forma	Passato	Presente
	اِسْتَخْرَجْتُ	
		تَقْتَرِبِين
		نكتمل
	إنصرفوا	
	انطرح	
		تنطبعان
	استسلمتم	

26.4. Soluzioni

Per eseguire con buon esito l'esercizio in questione, devi capire prima di tutto la forma: elimina le lettere che credi siano caratteristiche della forma; poi cerca di capire la persona e ripassa mentalmente (o anche scrivendoli) i prefissi e le desinenze. Infine, non ti resta che vocalizzare e coniugare il verbo al tempo che manca.

Forma	Passato	Presente
X	اِسْتَخْرَجَتْ	تَسْتَخْرِجُ
VIII	اِقْتَرَبْتِ	تَقْتَرِبينَ
VIII	اِكْتَمَلْنا	نَكْتَمِلُ
VII	اِنْصَرَفُوا	يَنْصَرِفونَ
VII	اِنْطَرَحَ	يَنْطَرِحُ
VII	اِنْطَبَعَتا	تَنْطَبِعانِ
X	اِسْتَسْلَمْتُمْ	تَسْتَسْلِمونَ

I segreti svelati di questo capitolo

. Queste tre ultime forme hanno due caratteristiche comuni: hanno una *alif* vocalizzata con *la kasra/i* all'inizio del verbo, che cade nella coniugazione del presente; hanno una o più lettere aggiunte che rimangono nella coniugazione del presente.

. Lettere caratteristiche, aggiunte dopo la *alif* con la *kasra*:

VII: una *nūn* prima delle tre radicali
VIII: una *ta* tra la prima e la seconda radicale
X: la "sillaba" *sta* prima delle radicali.

27. AGGETTIVI E PRONOMI INDEFINITI

27.1. Gli Indefiniti: quali sono e come si usano

Gli Aggettivi Indefiniti servono a **descrivere, in modo impreciso, qualcuno o qualcosa.**

Si possono dividere tra gli aggettivi che esprimono la **Quantità** e quelli che esprimono l'**Identità**.

Contrariamente alle nostre lingue europee, però, non sono considerati veri aggettivi.

Sono invariabili in quanto, *quasi sempre*, **sono il primo termine di uno Stato Costrutto.**

Sono declinabili ed il loro caso dipende dalla funzione che svolgono all'interno della frase.

Tabella degli **"aggettivi" indefiniti** che indicano la quantità:

Agg. indefinito			Traduzione	Traslitterazione
Sostantivo determinato in caso obliquo	+	كُلّ	Tutto, a, i, e	kull
Sostantivo determinato in caso obliquo	+	بَعْض	Alcuni, e	ba'Ḍ
Sostantivo indeterminato in caso obliquo	+	عِدَّة	Numero si, e	'idda
Sostantivo indeterminato in caso obliquo	+	كُلّ	Ogni	kull
Sostantivo indeterminato senza tanwin in caso accusativo	+	لا	Nessuno, a	lā

Quindi, come avrai notato, ciò a cui devi fare attenzione è il sostantivo che segue; كُلّ può indicare sia "tutto" che "ogni" in base alla determinazione o meno del sostantivo da cui è seguito.

Ora faremo un paio di esempi, prima di esaminare gli aggettivi indefiniti che indicano l'identità.

Es: *Tutte le ragazze sono entrate a scuola.*

Tutte le ragazze sono entrate a scuola
دَخَلَتْ كُلُّ البَناتِ إلى المَدْرَسَةِ
Dakhalat kullu l-banāti ilā l madrasati

N.B. Il verbo non si accorda con *kull* o qualsiasi aggettivo indefinito ma con il secondo termine dello stato costrutto!

Es: *Il nostro cane abbaia ogni notte!* (**abbaiare:** نَبَحَ)

Il nostro cane abbaia ogni notte!
يَنْبَحُ كَلْبُنا كُلَّ لَيْلَةٍ !
yanbaHu kalbunā kulla laylatin!

Tabella degli **aggettivi indefiniti** che indicano **identità**:

Agg. indefinito			Traduzione	Traslitterazione
Sostantivo determinato in caso obliquo	+	نَفْس	Stesso, a i, e	nafs
Sostantivo determinato in caso obliquo	+	أيّ	Qualsiasi	ayy
Seguono il sostantivo		آخَر	Altro	ākhar
		آخَرون	Altri	ākharūn
		أُخْرى	Altra	ukrā
		أُخْرَيات	Altre	ukhrayāt

Vediamo subito qualche esempio.

Es: *Abbiamo studiato lo stesso libro.*

Abbiamo studiato lo stesso libro
دَرَسْنا نَفْسَ الكِتابِ
Darasnā nafsa l-kitābi

Es: *Hanno deciso di trasferirsi in un'altra città.*

(trasferirsi اِنْتَقَلَ VIII forma)

Hanno deciso di trasferirsi in un'altra città
قَرَّروا أَنْ يَنْتَقِلوا إلى مَدينةٍ أُخْرى
Qarrarū an yantaqilū ilā madinatin ukhrā

27.2. I Pronomi Indefiniti

Per formare i Pronomi Indefiniti basta usare gli Aggettivi Indefiniti, seguiti dalle particelle che esprimono l'aggettivo possessivo, indicante il sostantivo che sostituiscono e di cui fanno le veci.

Ecco un esempio:

Ho incontrato le tue (f.) amiche e sono tutte simpatiche
قَابَلْتُ صَدِيقَاتِكِ وَ كُلُّهُنَّ ظَرِيفَاتٌ
Qābaltu ṣadīqātiki wa kulluhunna Ṭarīfātun

27.3. Esercitati!

Vocalizza, traduci e completa il piccolo brano che segue con gli **aggettivi indefiniti** adatti.

Usa il vocabolario e non avere fretta!

نفس — بعض — كل — بعضها — كل — نفس

... عام تسافر كلاوديا وصديقتها معا في الصيف لتدرسا اللغة العربية.
تتقابلان و تتكلمان و تحجزان ... المدرسة و ... البيت.
هذه المرة ليس القرار سهلا لأن المدينة التي قررتا أن تذهبا إليها غنية بالمدارس الجيدة.
... المدارس جيدة للموقف و ... جيدة للمنهج الذي تقدمها
تتكلمان و تدرسان حلا ... اليوم و بالنهاية تقرران مدرسة جيدة و قريبة من البحر.

Un po' di lessico:

عام	anno	قَدَّمَ يُقَدِّمُ	Presentare, offrire
قَرار	decisione	حَلّ	soluzione
غَنِي بـ	ricco di	بِالنِهايةِ	alla fine
مَوقِف	posizione	قَريبٌ مِن	vicino a

27.4. Soluzioni

كُلَّ عامٍ تُسافِرُ كلاوديا وصَديقتُها معًا في الصيفِ لِتَدْرُسا اللُّغةَ العربيةَ.
تَتَقابَلانِ و تَتَكَلَّمانِ و تَحْجُزانِ نَفْسَ المَدْرسةِ و نَفْسَ البَيْتِ.
هذِهِ المَرَّةَ لَيْسَ القَرارُ سَهْلًا لأنَّ المدينةَ الّتي قَرَّرَتا أنْ تَذْهَبا إليها غَنيَّةٌ بِالمَدارسِ الجَيِّدةِ.
بَعْضُ المدارسِ جَيِّدةٌ لِلْمَوْقِفِ و بَعْضُها جَيِّدةٌ لِلْمَنْهَجِ الَّذي تُقَدَّمُها
تَتَكَلَّمانِ و تَدْرُسانِ حَلًّا كُلَّ اليومِ و بالنهايةِ تَحْجُزانِ مَدْرَسةً جيدةً و قريبةً مِن البَحْرِ.

Traduzione:

Ogni anno Claudia e la sua amica partono insieme l'estate per studiare arabo.

Si incontrano, parlano e prenotano la stessa scuola e la stessa casa. Quest'anno la scelta non è facile; perché la città nella quale hanno deciso di andare è ricca di buone scuole.

Alcune scuole sono buone per la posizione e altre (lett. alcune di loro) per il programma che offrono.

Parlano e studiano una soluzione tutto il giorno e alla fine prenotano una buona scuola vicino al mare.

I segreti svelati di questo capitolo

. Ciò che corrisponde ai nostri aggettivi indefiniti, in arabo è espresso tramite particelle che seguono le regole dei comuni aggettivi: si pongono prima del sostantivo a cui si riferiscono, essendo il primo termine di uno stato costrutto e sono invariabili. Sono invece declinabili e il loro caso dipende quindi dal caso che svolgono all'interno della frase.

. Ricordati che *kull* serve sia a tradurre "ogni", che "tutto, a, i, e".

. Per formare i Pronomi Indefiniti si usano gli stessi Aggettivi Indefiniti, seguiti da una particella indicante il sostantivo di cui fanno le veci.

28. COME POSSO ARRICCHIRE IL LESSICO CON POCHISSIME REGOLE (Parte II)

Con questo capitolo, continuiamo a scoprire la bellezza di questa **lingua semitica**, che con poche radici ci permette di imparare, capire e formare un'innumerevole quantità di vocaboli e di descrivere, quindi, al meglio il mondo che ci circonda.

Riprenderemo a parlare di radici e di schemi; quei famosi vestiti che una volta indossati dalle radici, danno vita ad una precisa ed unica parola.

Nel primo paragrafo, vedremo **come si formano il Participio Presente e il Participio Passato.**

Nel secondo analizzeremo il *masdar* di ogni forma derivata, che, a differenza della prima forma, hanno delle regole fisse per questo particolarissimo sostantivo/verbo.

I participi sono fondamentali nello studio di una lingua, in quanto, indicano colui che svolge una determinata azione (quello presente) o colui che subisce un'azione (passato) e danno quindi vita ad aggettivi, sostantivi e "verbi".

28.1. Participio passato e presente: è davvero così semplice?

I FORMA

I participi della prima forma seguono una regola diversa da quella seguita dalle forme derivate; è comunque una regola che vale per tutti i verbi della prima forma.

. **Participio Presente/Attivo**

Per formarlo bisogna:
1. Interporre, tra la prima e la seconda radicale del verbo, una *alif*.
2. Vocalizzare la seconda radicale con una *kasra/i*.

Facciamo alcuni esempi:

significato	part. presente	significato	radicali
scrittore, (colui) che scrive	كاتِب	scrivere	ك ت ب
ballerino, (colui) che balla	راقِص	ballare	ر ق ص
studente, (colui) che domanda	طالِب	domandare	ط ل ب

La maggior parte della volte, il legame tra le radicali è molto diretto, come nei primi due esempi; a volte di meno, come nell'ultimo esempio.

. Participio Passato/Passivo

Per formarlo bisogna:
1. Anteporre alle tre radicali una *mim* vocalizzata con la fatha/a.
2. Mettere un *sukun* sulla prima radicale.
3. Interporre tra la seconda e la terza radicale una *wau*.

significato	part. passato	significato	radicali
studiare, (ciò) che è stato studiato	مَدْروس	studiare	د ر س
capito, comprensibile; significato,* concetto	مَفْهوم	capire	ف ه م
cotto, cucinato	مَطْبوخ	cucinare	ط ب خ

*a volte il participio può avere una valore meno diretto e dare luogo anche ad un sostantivo, oltre che ad un aggettivo.

. **Tutte le Forme Derivate**

. **Participio Presente/Attivo**

Per formarlo bisogna:
1. Coniugare il verbo alla terza persona singolare del presente indicativo.
2. Far cadere il prefisso.
3. Mettere al posto del prefisso una *mim* vocalizzata con una *damma/ u*.

significato	Part. presente	presente	Forma e significato
insegnante	مُعَلِّم	يُعَلِّمُ	2° insegnare
musulmano	مُسْلِم	يُسْلِم	4° Abbracciare l'islam
consumatore	مُسْتَهْلِك	يَسْتَهْلِك	10° consumare

. **Participio Passato/Passivo**

Per formarlo bisogna:
Eseguire lo stesso procedimento che si segue per formare il participio presente ma **vocalizzare la seconda radicale** (non la seconda lettera!) con una *fatha* /a.

significato	Part. passato	presente	Forma e significato
specifico	مُحَدَّد	يُحَدِّد	2° definire, specificare
società	مُجْتَمَع	يَجْتَمِع	8° riunirsi
consumato	مُسْتَهْلَك	يَسْتَهْلِك	10° consumare

28.2. Il *masdar* delle forme derivate

Come anticipato nel capitolo sul *masdar*, esso nelle forme derivate segue delle regole ben precise e non si deve imparare a memoria, come per la prima forma.

Oggi vedremo solamente le prime tre, in quanto, dovrai avere tempo per memorizzarle ed esercitarti. Nel corso dei due prossimi giorni completeremo tutte le forme.

Prima di analizzarle, comunque, devi sapere che tutte queste forme hanno una cosa in comune: **la formazione del plurale**.

Per formare il plurale di queste forme, bisogna aggiungere al singolare (anche se maschile!) il **morfema del plurale femminile sano**, ossia

II forma

È uno dei più complicati e per formarlo bisogna:

. Anteporre una *ta* alle tre radicali.
. Mettere un *sukun* sulla prima radicale.
. Interporre tra la seconda e la terza radicale una ī.

significato	masdar	significato	verbo
presentazione	تَقْدِيم	presentare	قَدَّمَ

III forma

Bisogna partire dal passato coniugato alla terza persona maschile e poi:

. Anteporre una *mim* vocalizzata in *damma/u*.
. Aggiungere, alla fine, una *ta marbuta*.

significato	masdar	significato	verbo
aiuto	مُساعَدة	aiutare	ساعَدَ

IV forma

Bisogna partire dal passato coniugato alla terza persona maschile e poi:

. Cambiare la vocalizzazione della hamza inziale: da *fatha/a* diventa *kasra/i*.
. Interporre tra la seconda e la terza radicale una *alif*.

significato	masdar	significato	verbo
chiusura, il chiudere	إغلاق	chiudere	أَغْلَقَ

28.3. Allenati un po'!

Oggi hai una nuova tabella da completare. I rettangoli nei quali trovi una croce ancora non puoi ancora completarli, quindi fai finta che non esistano per il momento.

part. presente	masdar	presente	passato	forma
	تَمْرين			
		يُقابِلُ		
مُنْفَصِل	X			
			أَظْلَمَ	
	إعْلان			
	X	يَجْتَهِدُ		
مُتَنَقِّل	X			
	كِتابة			
عالِم				
	مُواجَهة			

28.4. Soluzioni

part. presente	masdar	presente	passato	forma
مُمَرِّن	تَمْرين	يُمَرِّنُ	مَرَّنَ	2°
مُقابِل	مُقابَلَة	يُقابِلُ	قابَلَ	3°
مُنْفَصِل	X	يَنْفَصِل	اِنْفَصَلَ	7°
مُظْلِم	إظْلام	يُظْلِمُ	أَظْلَمَ	4°
مُعْلِن	إعْلان	يُعْلِن	أَعْلَنَ	4°
مُجْتَهِد	X	يَجْتَهِدُ	اِجْتَهَدَ	8°
مُتَنَقِّل	X	يَتَنَقَّلُ	تَنَقَّلَ	5°
كاتِب	كِتابة	يَكْتُبُ	كَتَبَ	1°
عالِم	عِلْم	يَعْلَمُ	عَلِمَ	1°
مُواجِه	مُواجَهة	يُواجِهُ	واجَهَ	3°

I segreti svelati di questo capitolo

. I participi presenti e passati seguono delle regole precise, a seconda della loro forma e solo la prima forma ha una "base" diversa.

. Anche il *masdar* delle forme derivate è regolare ed ogni forma segue una regola ben precisa.

. Oltre alla regolarità i *masdar* delle forme derivate hanno in comune la formazione del plurale.

29. MASDAR E IMPERATIVO DELLE ULTIME TRE FORME DERIVATE

Sei ormai quasi giunto alla fine del primo mese di studio della lingua araba ed è quindi importante che tu abbia una certa padronanza delle forme derivate e della costruzione di una frase.

Alla fine di questa giornata, avrai finalmente un quadro completo delle forme derivate e della formazione delle frasi relative.

29.1. Il *masdar* della VII, VIII e X forma

Si parte dalla terza persona singolare e si apportano i seguenti cambiamenti:

. Al posto del prefisso, ricompare la *hamza* inziale e la sua vocalizzazione rimane *kasra/i*.

. La lettera dopo quella con il (primo) *sukun* viene vocalizzata in *kasra/i* invece che con la *fatha/a*.

. Si interpone, fra la seconda e terza radicale (non lettera), una *alif*.

Quindi, il *masdar* diventa:

significato	masdar	significato	verbo al presente	forma
separazione	اِنْفِصال	separarsi	يَنْفَصِلُ	7°
sforzo	اِجْتِهاد	sforzarsi	يَجْتَهِدُ	8°
sottomissione	اِسْتِسْلام	arrendersi	يَسْتَسْلِمُ	10°

29.2. L'imperativo della VII, VIII e X forma

Per formarlo basta seguire la regola che è già stata spiegata nei capitoli precedenti. Quindi:

. Si parte dal presente e si fa cadere il prefisso.

. Se, così facendo, la prima lettera risulta non vocalizzata, si aggiunge una *alif hamza* vocalizzata in *kasra/i*.

. In base alla persona, o si sostituisce con il *sukun* la *damma/u* dell'ultima radicale o si fa cadere la *nūn* finale.

. Per le persone plurali maschili, si aggiunge anche una *alif* dopo aver fatto cadere la *nūn*.

imperativo	presente indicativo	persona	forma
اِنْفَصِلْ	تَنْفَصِلُ	2°m.s.	7°
اِجْتَهِدِي	تَجْتَهِدِينَ	2°f.s.	8°
اِسْتَسْلِمُوا	تَسْتَسْلِمُونَ	2°m.p.	10°

29.3. Approfondimento e completamento della Frase Relativa

Con questo paragrafo, completiamo anche un altro argomento già presentato ed analizzato nei capitoli precedenti, aggiungendo due nuovi Pronomi Relativi e sottolineando tre particolarità e difficoltà della costruzione della frase relativa in arabo.

. I nuovi pronomi relativi sono: *mā* e *min*, i quali indicano rispettivamente "**ciò che**" e "**colui che, chi**", per indicare **qualcuno in modo generico**. Seguono, ovviamente, le regole già esposte.

Dovrai fare molta attenzione al pronome relativo *mā*, in quanto, posizionato davanti ad un verbo al passato, **può trarre in inganno**. Ma proprio **le regole della frase relativa ti verranno in aiuto**, in quanto, se la sua funzione è quella di complemento oggetto nella frase relativa, il verbo avrà un pronome attaccato alla fine. Pronome che non sarebbe presente altrimenti.

Es: *Ciò che ho capito è sbagliato* (sbagliato: غَلَطٌ)

Ciò che ho capito è sbagliato
ما فَهِمتُهُ غَلَطٌ
Mā fahimtuhu gharalaṭun

. Prima particolarità: il Pronome Relativo si trova solo se l'antecedente è determinato. Se non lo è, si seguono tutte le regole elencate precedentemente ma **SENZA** la presenza del pronome relativo.

Ho incontrato un ragazzo italiano che parla arabo!
قَابَلْتُ شابّاً إيطاليّاً يَتَكَلَّمُ اللُّغَةَ العَرَبية
Qābaltu shabban iītālyyan yatakallamu al-lughata al al 'arabyyata

. Seconda particolarità: abbiamo già spiegato che, quando si vuole costruire una frase relativa in cui il pronome relativo ha la funzione di un complemento indiretto, si deve mettere, dopo il verbo della frase relativa, una preposizione che espliciti quale complemento indiretto si vuole esprimere.

Ma, quando il complemento è quello di specificazione, come si fa? Non c'è nessuna preposizione adatta, poiché esiste lo stato costrutto, no?

Per esprimere tale complemento, bisogna attaccare al soggetto della frase relativa, la particella che esprime l'aggettivo possessivo, accordata in numero e genere al pronome relativo precedente il verbo.

Es: *Claudia, il cui fidanzato lavora in Egitto, studia arabo.*

Claudia, il cui fidanzato lavora in Egitto, studia arabo
تَدْرُسُ كلاوديا الَّتي يَعْمَلُ خَطيبُها في مِصرَ اللُّغَةَ العَرَبية
tadrusu Claudia allatī ya'malu khaṭībuhā fī Misra al-lughata al al 'arabyyata

.Terza particolarità: Quando la frase relativa è lunga e si potrebbe, quindi, perdere il filo e la continuità della frase principale, **si aggiunge, spesso, un pronome soggetto in accordo in genere e numero al soggetto della frase principale prima del predicato** della frase principale, per far capire effettivamente a chi si riferisce il predicato.

Claudia, il cui fidanzato lavora presso una grande azienda in Egitto, è simpatica
كلاوديا الَّتي يَعْمَلُ خَطيبُها في مِصرَ عِنْدَ شارِكةٍ كَبيرَةٍ هِيَ ظَريفةٌ
Claudia allatī ya'malu khaṭībuhā 'inda shārikatin kabīratin fī Misra hiya ṭarīfatun

29.4. Esercizi (sì, hai letto bene, al plurale!)

Poiché gli argomenti oggi sono stati due, avrai due esercizi. Il primo è l'ormai solita tabella. Il secondo sarà, invece, un nuovo dialogo.

Cominciamo con la tabella da compilare.

ESERCIZIO 1

imperativo (2°m.s.)	masdar	presente	passato	forma
اِقْتَرِبْ				
			اِنْفَجَرَ	
اِنْصَرِفْ				
		يَسْتَخْدِمُ		
	اِنْتِظَار			

ESERCIZIO 2

In questo piccolo brano, dovrai fare un po' di traduzione verso l'arabo, facendo attenzione soprattutto ai pronomi relativi.

1. Ho lavato i vestiti che hai lasciato (tu f.) sul letto.

2. Ho studiato il rapporto di cui mi hanno parlato.

3. Il ristorante nel quale vado spesso con la mia famiglia non è lontano da casa.

4. Si è avvicinato ad uomo che gli ha chiesto un'informazione.

29.5. Soluzioni

Es. 1

imperativo (2°m.s.)	masdar	presente	passato	forma
اِقْتَرِبْ	اِقْتِراب	يَقْتَرِبُ	اِقْتَرَبَ	8°
اِنْفَجِرْ	اِنْفِجار	يَنْفَجِرُ	اِنْفَجَرَ	7°
اِنْصَرِفْ	اِنْصِراف	يَنْصَرِفُ	اِنْصَرَفَ	7°
اِسْتَخْدِمْ	اِسْتِخْدام	يَسْتَخْدِمُ	اِسْتَخْدَمَ	10°
اِنْتَظِرْ	اِنْتِظار	يَنْتَظِرُ	اِنْتَظَرَ	8°

Es. 2

1 غَسَلْتُ المَلابِسَ التي تَرَكْتِها على التَخْتِ

2 دَرَسْتُ التَقْريرَ الذي تَكَلَّموا عَنْهُ

3 لَيْسَ المَطْعَمُ الذي أذهبُ إليه مِراراً مَعَ أهلي بَعيداً عَنْ بيتي

4 اقْتَربَ من رَجُلٍ طَلَبَ منهُ مَعْلومةً

I segreti svelati di questo capitolo

. Abbiamo analizzato gli ultimi tre *masdar* ed abbiamo visto che seguono lo stesso schema: una *alif hamza* vocalizzata in *kasra/i* all'inizio, *sukun, kasra/i* ed una *alif* tra la seconda e la terza radicale.

. Anche per l'imperativo delle ultime tre forme, è necessario riprendere la *alif hamza* vocalizzata in *kasra/i*, e posizionarla al posto del prefisso.

. Le Frasi Relative sono abbastanza complicate ed hanno tre particolarità, a cui bisogna prestare attenzione:

1. La determinatezza dell'antecedente influenza la costruzione della frase relativa.

2. La costruzione di una frase relativa, nel caso in cui il pronome abbia la funzione di complemento di specificazione.

3. La presenza di un pronome tra il soggetto e il predicato della frase principale, quando la frase relativa è molto lunga.

30. I NUMERI IN ARABO!

30.1. Il fondamentale ruolo degli arabi nel nostro sistema di numerazione

Anche se per semplificazione, molto spesso, si sente dire che i nostri numeri sono numeri arabi, in realtà si può dire che si tratti di **numeri indi-arabi**, in quanto i musulmani, durante la loro espansione verso est, nel I secolo dell'egira (VII secolo), adottarono i numeri indiani nel loro sistema di numerazione.

Grazie a loro e soprattutto al matematico **al-Khwarizmi**, questi numeri (che sono la vera fonte dei nostri numeri attuali anche se non nella loro forma definitiva), approdano in Medio Oriente e nel Nord Africa.

Saranno poi adottati da alcuni grandi studiosi europei (*Fibonacci* è il più noto), che avevano studiato con matematici arabi nel corso del XIII, diffondendosi, così, in tutto l'occidente.

È per questo che vengono conosciuti come "numeri arabi".

La loro scrittura è comunque leggermente diversa, nei paesi arabi e nei paesi occidentali, ma la somiglianza nelle forme (e a volte anche nella pronuncia!) è evidente.

Basti pensare che la parola *"cifra"*, viene proprio dal numero zero, che in arabo si traduce con Ṣifr.

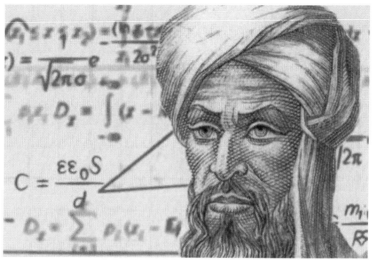

al-Khwārizmī, considerato il padre dell'algebra

La loro differenza è dovuta al fatto che, nei paesi arabi si continuò ad usare il sistema diffuso in Medio Oriente, mentre i matematici occidentali, che studiarono con i matematici arabi, vennero a conoscenza del sistema diffuso nel Nord Africa.

Di seguito troverai una tabella con i simboli dei numeri in arabo e la loro relativa pronuncia.

30.2. Tabella dei numeri (0-10)

numero	simbolo arabo	trascrizione
0	٠	ṣifr
1	١	wāHid
2	٢	ithnān
3	٣	thalāth
4	٤	arb'
5	٥	khams
6	٦	sitt
7	٧	sab'
8	٨	thamānin
9	٩	tis'
10	١٠	'ashr

30.3. Le (tante) regole dei numeri

Se ho lasciato questo argomento per ultimo, non è un caso. Le regole che gravitano attorno ai numeri sono davvero tante e possono creare molta confusione ad uno studente alle prime armi. Sono, però, estremamente diffuse ed importanti, quindi è giusto che tu le impari.

Le regole sono tante, in quanto, ci sono variazioni non solo nella grammatica del numero in sé, ma anche in quella dell'oggetto contato.

Ci sono almeno 5 gruppi di regole, per 5 gruppi di numeri e del loro oggetto contato. Vediamole.

1. Le regole per i numeri 1 e 2

Questi due sono gli unici numeri che si comportano come un aggettivo qualsiasi:

. Si scrivono dopo l'oggetto contato.

. Si accordano in genere e caso con l'oggetto contato.

Es: *Ho preso una penna* (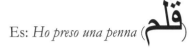)

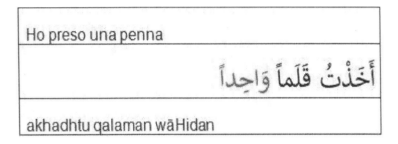

. D'ora in poi la posizione dei numeri sarà sempre antecedente all'oggetto contato.

2. Le regole per i numeri da 3 a 10

	numero	oggetto contato
caso	è il primo termine di uno stato costrutto a seconda della funzione che svolge nella frase, può essere nom, acc. e obliquo	è il secondo termine dello stato costrutto sempre in caso obliquo indeterminato
genere e numero	opposto al genere del singolare dell'oggetto contato	dipende da ogni sostantivo, il quale andrà scritto al plurale

Es: *Ho preso tre penne.*

Ho preso tre penne
أَخَذْتُ ثَلاثَةَ أَقْلامٍ
akhadhtu thalāthata aqlāmin

Es: *Ho incontrato quattro amiche in piazza.*

Piazza:

ho incontrato quattro amiche in piazza
قابَلْتُ أَرْبَعَ صَديقاتٍ في الساحةِ
qābaltu arba'a ṣadīqātin fi l SāHati

. D'ora in poi fai attenzione alla posizione dei numeri: le unità vengono scritte e pronunciate SEMPRE prima delle decine.

3. Le regole per i numeri 11 e 12

Per i numeri composti, da 11 a 19, si giustappongono i due numeri: **il numero dieci viene scritto subito dopo quello delle unità, senza nessuna congiunzione.**

Fai attenzione al numero 11, in quanto non viene composto da *wāHid* seguito da *'ashr*. Per questo numero si è preferito usare un'altra variante di uno.

	uno	trascrizione
m.	أَحَد	aHad
f.	إِحْدى	iHdā

Fai attenzione anche al numero 12, in quanto, poiché viene considerato come il primo elemento di uno stato costrutto, la *nūn* finale cade.

	numero		oggetto contato
	decina	unità	
caso	accusativo determinato, senza l'articolo	accusativo determinato, senza l'articolo	accusativo indeterminato
genere e numero	in accordo con l'oggetto contato	in accordo con l'oggetto contato	dipende da ogni sostantivo, il quale andrà scritto al singolare

Es: *Dodici studenti hanno assistito alla lezione.*

(**assistere a**:  seguito da compl. oggetto)

Dodici studenti hanno assistito alla lezione
حَضَرَ اثْنا عَشَرَ طالِباً الدَّرْسَ
HaDara ithnā 'ashara tāliban ad-darsa

4. Le regole per i numeri 13-19

caso	numero		oggetto contato
	decina	unità	
	accusativo determinato, senza l'articolo	accusativo determinato, senza l'articolo	accusativo indeterminato
genere e numero	in accordo con l'oggetto contato	opposto al genere del singolare dell'oggetto contato	dipende da ogni sostantivo, il quale andrà scritto al singolare

Es: *Conosce sedici lingue!*

Conosce sedici lingue!
يَعْرِفُ سِتَّ عَشْرَةَ لُغَةً
Ya'rifu sitta 'asharata lughatan

5. Le regole per i numeri 20-99

Per questi numeri composti, **va aggiunta sempre una *wa* (e) di congiunzione tra l'unità e la decina.**

Per formare il numero 20 bisogna fare il duale di 10.

Per formare le successive decine, bisogna aggiungere le desinenze del plurale maschile regolare, alle unità corrispondenti.

	numero		oggetto contato
	decina	unità	
caso	a seconda della funzione che svolge nella frase, può essere nom, acc. e obliquo	a seconda della funzione che svolge nella frase, può essere nom, acc. e obliquo. È sempre indeterminato con il *tanwin*.	accusativo indeterminato
genere e numero	sempre maschile	opposto al genere del singolare dell'oggetto contato tranne le prime due unità di ogni decina	dipende da ogni sostantivo, il quale andrà scritto al singolare

Es: *21 studenti sono partiti in Italia.*

(partire in: سَافَرَ إلى)

---
21 studenti sono partiti in Italia

سَافَرَ واحدٌ وَ عَشْرونَ طالباً إلى إيطاليا

Sāfara wāHidun wa 'ashrūna ṭāliban ilā Iṭālīā

Es: *Questo artista ha dipinto 35 quadri.*

(artista: فَنَّان) (dipingere: رَسَمَ)

(quadro: لَوْحَة)

---
questo artista ha dipinto 35 quadri

رَسَمَ هٰذا الفَنَّانُ خَمْساً وَ ثَلاثينَ لَوْحَةً

rasama hādhā al-fannānu khamasan wa thālathin lauHatan

30.4. Esercitati!

Traduci le seguenti frasi in arabo:

1. *Si sono riunite 11 dottoresse.*

2. *Oggi ho assistito a 5 lezioni.*

3. *I lavoratori hanno formato un sindacato.*

4. *Questo gruppo musicale ha suonato in 23 città.*

5. *In questo giornale lavorano 17 giornalisti.*

30.5. Soluzioni

1اِجْتَمَعَتْ إِحْدى عَشَرَةَ طَبيبةً

2حَضَرْتُ خَمْسةَ دُرُوسٍ اليومَ

3شَكَّلَ العُمَّالُ نِقابةً واحِدةً

4لَعِبَتْ هذِهِ الفَريقُ في ثَلاثٍ وَ عَشْرينَ مَدينةً

5يَعْمَلُ في هذِهِ الجريدةِ سَبْعةَ عَشَرَ صَحَافيونَ

I segreti svelati di questo capitolo

. Ci sono tantissime regole che ruotano attorno ai numeri, ma possiamo suddividerle in 5 gruppi di numeri: 1-2 ; 3-10; 11-12; 13- 19; 20-99.

. Le principali differenze riguardano: la posizione del numero rispetto all'oggetto contato; il caso e il genere del numero rispetto all'oggetto contato; il caso dell'oggetto contato; la differenza tra la regola che governa le decine e quella che governa le unità.

. Ricordarti che c'è una congiunzione tra le decine e le unità, per i numeri composti dopo il venti, mentre i numeri tra 11 e 19 sono composti da un'UNICA parola.

CONCLUSIONI

Con quest'ultimo, necessario, capitolo sui numeri siamo giunti alla fine del nostro piccolo viaggio alla scoperta della lingua araba.

Dunque, ci salutiamo qui ma, di certo, tu e la lingua araba non avete finito di conoscervi! Sei solo all'inizio di questa fantastica e intrigante avventura: tantissime altre novità e magie, lungo questo viaggio, ti attenderanno ancora!

Se sei già impaziente di andare avanti nella scoperto e nello studio di questa affascinante lingua, ti invito a guardare ancora un po' indietro e valorizzare quanto hai già imparato in così poco tempo.

Hai studiato un modo di scrittura e dei suoni completamente nuovi; hai adattato la tua mentalità a nuovi tipi di costruzioni, modi di pensare e codificare il mondo esterno. Beh, tutto ciò non è affatto poco da autodidatta. Molte saranno le cose ancora non molto chiare nella tua mente, quindi, ti consiglio assolutamente di ristudiare da capo questo libro. In questa nuova lettura, vedrai, tutto ti sembrerà più facile e familiare.

Hai notato che la lingua araba si differenzia dalla nostra sotto moltissimi aspetti?

A livello verbale, ad esempio, differenzia le persone maschili da quelle femminili, non usa il verbo essere al presente e, tramite piccolissimi cambiamenti delle desinenze di un verbo al presente, si possono creare modi molti diversi tra loro.

Per quanto riguarda le diverse costruzioni, avrai potuto notare che devi fare molta attenzione allo *stato costrutto*, all'ordine delle parole nelle frasi relative e all'uso dell'articolo in generale. Queste costruzioni sono estremamente diverse dalle nostre e quindi, non sono di facile memorizzazione.

Spero, però, che avrai anche notato le bellezze di questa lingua, che ruota attorno tre radicali, ossia tre lettere che sono portatrici di un significato e che, indossando pochi vestiti (i famosi schemi), si trasformano in un significato nuovo; sempre lo stesso, a seconda del vestito, ma mai troppo lontano dal significato delle tre radicali.

Quest'aspetto delle lingue semitiche, è forse il più lontano dalla nostra *forma mentis* ma anche il più affascinante.
Se ti impegnerai con costanza e pazienza, ti prometto che scoprirai quanto è bello "giocare" con queste tre radicali.

In ultimo, spero di averti un po' incuriosito, con le informazioni riguardanti l'aspetto culturale del mondo arabo. Abbiamo parlato di vari aspetti legati alla cultura del mondo arabo e musulmano, come i suoi pilastri e le sue festività. Abbiamo parlato di religione, storia e scienze. Abbiamo riflettuto su quanto antico sia il mondo arabo e su quanto esso abbia influenzato anche la nostra cultura, nei secoli.

Sei solo all'inizio del tuo percorso di studio della lingua araba, ovviamente, ma spero di averti fornito una panoramica abbastanza chiara e, soprattutto, di averti fornito le basi linguistiche per poter accedere ad altre informazioni, per poter continuare a scoprire, in autonomia e maggiore consapevolezza, questo affascinante mondo, che si trova proprio al di là del Mediterraneo, a due passi da noi.

Grazie per la fiducia che hai risposto in questo libro e, indirettamente, in me come autrice e tua insegnante di arabo.

Da parte mia, posso assicurarti che ce l'ho messa tutta per rendere la comprensione di questo libro, il più assimilabile possibile, anche se mi rendo conto che studiare l'arabo per la prima volta non è semplicissimo e, per farlo con successo, occorre armarsi di tanta buona volontà e pazienza.

Spero, dunque, di essere stata una buona madrina per il tuo apprendimento dell'arabo e ti auguro le migliori fortune, perché i tuoi desideri linguistici (e non solo…), possano avverarsi al meglio, *in sha' Allah!*

Fatima

Printed by Amazon Italia Logistica S.r.l.
Torrazza Piemonte (TO), Italy

55020881R10203